Badischer Pitaval

Wolf Middendorff

Badischer Pitaval

Kriminalfälle aus unserem Land

Mit Tuschzeichnungen von Benedikt Schaufelberger

Kehrer Verlag KG · Freiburg im Breisgau

© Kehrer Verlag KG, 7800 Freiburg im Breisgau
Druck: Kehrer Offset KG, 7800 Freiburg im Breisgau

1985 · ISBN 3-923937-40-7

Inhaltsverzeichnis

	Seite
Geleitwort	6
Einführung	9
Ettenheim und der Herzog von Enghien	13
Das Attentat des Karl Ludwig Sand	24
Der Anschlag auf König Wilhelm I. von Preußen	33
Matthias Erzberger und seine Mörder	43
Kriegsverbrechen und Lynchjustiz	52
Der Fall Carl Hau	62
Der Vatermord im Schwarzwald	76
Die Angst vor dem Alleinsein	88
Der Fall Numan Gürün	95
Der Gewohnheitsverbrecher als Staatsanwalt	104
Der Mann vom anderen Stern	112
Harry Domelas Gastspiel in Heidelberg	117
Der letzte Heimkehrer des Ersten Weltkrieges	128
Der doppelte Heimkehrer	139
Falsche Ärzte	147
Heiratsschwindler	158
Hochstaplerinnen	169
Falsche Unfälle	174
Die Fahrlässigkeit des Dr. Grau	179
Eisenbahnunglücke	189
Literatur	199

Geleitwort

1734 hatte der französische Jurist und Parlamentsrat François Gayot de Pitaval (1673–1743 Lyon) mit der Herausgabe seiner Sammlung „berühmter und aufschlußreicher Fälle" („Causes célèbres et intéressantes") begonnen. Doch erst 25 Jahre nach seinem Tod lagen die 20 Bände abgeschlossen vor. Zahlreiche Bearbeitungen und Übersetzungen folgten und ließen dieses kuriose Oeuvre bald zu internationaler Berühmtheit – und in seinen Auswüchsen wohl auch zu internationaler Berüchtigtkeit – werden. Für die deutsche Ausgabe, die 1792–1795 unter dem Titel „Merkwürdige Rechtsfälle als ein Beitrag zur Geschichte der Menschheit, nach dem französischen Werke des Pitaval durch mehrere Verfasser ausgearbeitet" in 4 Bänden in Jena erschien, schrieb Friedrich Schiller eine Vorrede, in der es u. a. heißt: „Man findet in diesem Werk eine Auswahl gerichtlicher Fälle, welche sich an Interesse der Handlung, an künstlicher Verwicklung und Mannigfalt der Gegenstände bis zum Roman erheben und dabei noch den Vorzug der historischen Wahrheit voraus haben. Man erblickt hier den Menschen in den verwickeltsten Lagen...". Es ist ja bekannt, daß sich Schiller auch in seinen eigenen Werken wiederholt mit dem Verbrechen und dem Kriminologischen auseinandergesetzt hat (erinnert sei hier nur an seine wahre Geschichte „Der Verbrecher aus verlorener Ehre" – Erstdruck im 2. Heft seiner Zeitschrift „Rheinische Thalia" von 1786 unter dem Titel „Verbrecher aus Infamie"), jedoch als Klassiker des deutschen Humanismus etwa vor den Realisationen und Blutbädern der Französischen Revolution zurückschreckte und sich wie die Mehrzahl seiner Zeitgenossen entsetzte.

Gewissermaßen eine internationale Erweiterung auf deutschsprachiger Basis fand das Pitavalsche Werk im 19. Jahrhundert dann im „Neuen Pitaval", wie ihn J. E. Hitzig und Wilhelm Häring (bekannter unter dem Pseudonym Willibald Alexis) 1842–1862 in 30 Bänden herausgaben. Seitdem gehören Pitaval-Geschichten mit zu den Affären schlechthin und damit wohl oder übel auch mit zur Weltliteratur.

Freiburg i. Br., im April 1985   Dr. Helmut Bender

Einführung

Titel und Untertitel des folgenden Buches bedürfen einer Erläuterung. Wer einen „Pitaval" schreibt, stellt sich damit in eine große Tradition und fügt einer Vielzahl von Büchern mit Kriminalfällen ein neues an. Wie schon in meinem Freiburger Kleinen Pitaval gesagt wurde, hat der französische Jurist und Parlamentsrat François Gayot de Pitaval 1734 mit der Herausgabe einer Sammlung „berühmter und aufschlußreicher Fälle" begonnen. Die deutsche Ausgabe erschien 1792–1795 in Jena in vier Bänden, und Friedrich Schiller schrieb für sie eine Vorrede, in der es heißt: „Das geheime Spiel der Leidenschaft entfaltet sich hier vor unseren Augen, und über die verborgenen Gänge der Intrige, über die Machinationen des geistlichen sowohl des weltlichen Betruges wird mancher Strahl der Wahrheit verbreitet. Triebfedern, welche sich im gewöhnlichen Leben dem Auge des Beobachters verstecken, treten bei solchen Anlässen, wo Leben, Freiheit und Eigenthum auf dem Spiele steht, sichtbarer hervor." Schiller fährt fort, ein Kriminalprozeß enthülle uns oft das Innerste der Gedanken und bringe das versteckteste Gewebe der Bosheit an den Tag. Diese Worte haben bis heute nichts von ihrer Gültigkeit verloren.

Im Zusammenhang mit der Schilderung von Kriminalfällen kann das Wort Baden heute nur ein zusammenfassender geographischer und nicht ein kriminologischer Begriff sein. In früheren Jahrzehnten gab es allerdings starke regionale Unterschiede in der Kriminalstatistik des Deutschen Reiches. So entfielen beispielsweise in den Jahren 1925–1928 auf 100 000 Personen der strafmündigen Bevölkerung in Sachsen 38 Körperverletzungen, in Bayern 207; die entsprechenden Zahlen für Hausfriedensbruch waren 13 und 30, für Sachbeschädigung 14 und 29. Allgemein fanden sich die geringsten Zahlen der Kriminalstatistik im Nordwesten des Deutschen Reiches.

Heute sind diese Unterschiede verwischt; es gibt keine typischen badischen Straftaten. Nach dem Zweiten Weltkrieg haben die großen Wanderungen der Bevölkerung überall für Mischungen gesorgt, und in unseren Tagen ist die Mobilität sehr stark. Baden bedeutet daher in diesem Buch nur, daß die Straftat in Baden begangen und dort abgeurteilt wurde, oder daß auch nur ein Gericht in Baden urteilte.

Die im folgenden geschilderten Fälle, die ich in mehr als dreißig Jahren gesammelt habe, sind aus verschiedenen Gebieten der Kriminalität genommen, unter ihnen sind bekannte und auch unbekannte; sie sollen in erster Linie im Sinne der Tradition Pitavals erzählt werden. Daneben ist es mein Bestreben, kriminologisch wichtige Fakten hervorzuheben und mit Vergleichen zu zeigen, daß es kaum je einen ganz singulären Kriminalfall gibt, sondern daß ähnliche Taten immer schon begangen worden sind.

In Anbetracht der wachsenden Sensibilität für den Datenschutz wurden einige Namen und einige kriminologisch unwichtige Umstände verändert.

Die ersten Fälle befassen sich mit politischen Morden, bei denen es Attentate durch Einzeltäter wie auch durch Grupentäter gibt. Im Fall des Herzogs von Enghien sehen wir einen Mord von Staats wegen. Einige Tötungen im Dritten Reich und am Ende dieser Zeit wurden nicht von Staatsorganen, sondern von einzelnen als Lynchjustiz durchgeführt. Nicht-politische Tötungsdelikte werden zum größten Teil innerhalb der kleineren oder größeren Familie begangen. Der berühmte Baden-Badener Fall Hau ist bis heute umstritten. In den letzten Jahren gab es auch Tötungen durch Ausländer, deren Rechts- und Moralbegriffe nicht immer mit den unsrigen übereinstimmen.

Aus dem Bereich von Betrug und Hochstapelei werden die bekannten Fälle des falschen Prinzen Harry Domela und des falschen Heimkehrers Oskar Daubmann erzählt. Nach dem Zweiten Weltkrieg kam es zu Amtserschleichungen wie der des falschen Chefarztes von Baden-Baden; Heiratsschwindeleien sind dagegen zeitlos. Betrügern ist eigen, jede neue Möglichkeit zu Straftaten sofort auszunützen; dies gilt vor allem für die „falschen" Unfälle, d. h. Betrügereien zum Nachteil der Kraftfahrzeugversicherungen, die sich mit dem Anwachsen des Straßenverkehrs epidemieartig ausgebreitet haben.

Die Fallsammlung schließt mit der Schilderung einer fahrlässigen Tötung im Straßenverkehr, wie sie jeden Tag von neuem vorkommen kann, und der zweier Eisenbahnunglücke.

In die Quellennachweise habe ich vor allem eine Auswahl weiterführender Bücher aufgenommen. Einige Fälle der Nachkriegszeit habe ich mit innerer Anteilnahme selbst erlebt und habe Urteile und Presseberichte verwertet.

Ich danke in erster Linie meiner Frau für ihre unermüdliche Hilfe, dann Herrn Kehrer für sein großzügiges Entgegenkommen, Herrn Schaufelberger für seine schönen Zeichnungen und Herrn Direktor Dr. Ottnad vom Staatsarchiv für wertvollen Rat und stete Hilfe.

Freiburg, 5. April 1985   Prof. Dr. Wolf Middendorff

Ettenheim und der Herzog von Enghien

Es war das Schicksal von Land und Gemarkung Ettenheim, daß sie unter allen Kriegen und Fehden litten, die im Laufe der Jahrhunderte den Bischöfen von Straßburg galten, die bis 1803 Landesherren waren. Im Dreißigjährigen Krieg wurde die Stadt von den Schweden niedergebrannt, im 18. Jahrhundert entstand sie neu aus dem Lebensgefühl des Barock, das die Stadt bis heute geprägt hat. In den Jahren nach der französischen Revolution von 1789 erlebte Ettenheim eine kurze Blütezeit, als der letzte Landesherr auf dem Straßburger Bischofsthron, Kardinal Ludwig Renatus Prinz von Rohan, aus Straßburg fliehen mußte und Ettenheim zu seiner Residenz machte. Mit ihm kam sein ganzer Hofstaat, und die Flüchtlinge glaubten, die Schreckenszeit in Frankreich gehe bald zu Ende und sie selbst könnten binnen kurzem wieder heimkehren. Mit dem Kardinal Rohan kam seine Nichte nach Ettenheim, die Prinzessin Charlotte, die eine wichtige Rolle im Leben des Herzogs von Enghien spielte, der als Emigrant nicht weit von ihr in Ettenheim wohnte. Er liebte Prinzessin Charlotte und ritzte mit einem Diamantring in die Fensterscheiben des Schlosses Verse ein, mit denen er seiner Liebe Ausdruck gab. Insgesamt hat man auf den Fensterscheiben vierzehn Einritzungen festgestellt; nur eine Glasscheibe ist indessen bis heute erhalten geblieben und befindet sich in einem Glasschrein des Bürgersaales im Rathaus von Ettenheim. Historiker nehmen heute an, daß der Kardinal Rohan seine Nichte dem Herzog heimlich angetraut hat. Die Heirat wurde wahrscheinlich deshalb nicht publik gemacht, weil sich der Chef des Hauses Condé, dem der Herzog angehörte, geweigert hatte, in diese Eheschließung einzuwilligen.

Prinz Louis Antoine Henri de Bourbon, Herzog von Enghien, wurde am 2. 8. 1772 in Chantilly geboren. Im Alter von 16 Jahren nahm er den ihm kraft Erbgangs zustehenden Platz im Pariser Parlament in Besitz. Auf Wunsch seines Großvaters, des Prinzen von Condé, erhielt er dann eine militärische Ausbildung und verließ Frankreich 1789 nach dem Sturm auf die Bastille in Paris zusammen mit vielen anderen Standesgenossen und begab sich ins Ausland. Der Prinz von Condé sammelte im Schwarzwald die Emigranten und bildete daraus eine Streitmacht, in die der Herzog von Enghien eintrat. In zahlreichen Kämpfen legte er Proben seines Mutes und seiner Unerschrockenheit ab und zeichnete sich vielfach aus. Nach Abschluß des Friedens von Lunéville 1801 wurde das Armeekorps, dem der Herzog angehörte, aufgelöst. Sein Vater und sein Großvater gingen nach England, er selbst ließ sich zunächst in der Nähe von Graz nieder und verzog im Oktober 1801 nach Ettenheim im späteren Kurfürstentum Baden. Er hatte dort früher schon die Prinzessin Charlotte kennengelernt und wollte sie nun wiedersehen.

In Ettenheim bewohnte der Herzog das sogenannte Ichtratzheimsche Haus, das in der Nähe der Kirche liegt und die Jahreszahl 1744 trägt. Über dem Eingang ist das Wappen der elsässischen Adelsfamilie Zorn von Bulach mit der Jahreszahl 1626 angebracht, das von einem älteren Anwesen stammt. Die Bevölkerung nannte das Haus „Prinzenschlößle". Der Herzog bezog die Räume im Obergeschoß, während der Baron von Ichtratzheim das Erdgeschoß bewohnte. Zu dem Haus gehörte ein großer Garten, den der Herzog zuweilen zusammen mit der Prinzessin von Rohan bearbeitete. Daneben ging er häufig auf die Jagd und machte Ausflüge in den Schwarzwald. Bei der Bevölkerung war der Herzog sehr beliebt, weil seine Hilfsbereitschaft keine Grenzen kannte. Seinen Lebensunterhalt bestritt er von einer Pension, die ihm die englische Regierung bewilligt hatte.

Der Herzog bewunderte den neuen Herrscher Frankreichs, Napoleon, der damals Erster Konsul und nur drei Jahre älter war als er selbst. Er nahm an, daß Napoleon für die Emigranten keine Gefahr darstelle, da er zu sehr mit dem Aufbau seines Landes beschäftigt sei, humane Gesetze erlasse und sogar einen Gottesdienst in Notre Dame in Paris besucht habe. Andere französische Emigranten in Ettenheim waren nicht dieser optimistischen Auffassung, hatte doch Napoleon eine öffentliche Warnung erlassen, daß kein französischer Flüchtling näher als zwölf Stunden von der Grenze entfernt wohnen dürfe. Zahlreiche Franzosen verließen daraufhin Ettenheim, insbesondere auch deshalb, weil der Versuch Napoleons, mit dem Chef des Hauses Bourbon, dem späteren König Ludwig XVIII., Frieden zu schließen, fehlgeschlagen war. Napoleon hatte Ludwig angeboten, gegen Entschädigung auf seine Rechte zu verzichten, aber Ludwig hatte geantwortet, er habe jetzt zwar alles verloren, nicht aber seine Ehre, und er werde seine Pflicht bis zum letzten Atemzug erfüllen. Viele führende Emigranten glaubten daher, Napoleon werde sich von nun an an ihnen rächen; und die Freunde des Herzogs von Enghien und auch Prinzessin Charlotte drängten ihn, sich aus der Nähe der Grenze zu entfernen, denn Napoleon würde ihn – völlig ungerechtfertigt – für Attentate auf ihn verantwortlich machen.

Napoleon war um die Jahrhundertwende auf dem Höhepunkt seiner Macht, es waren aber schon schwere Anschläge auf ihn verübt worden, und er fühlte sich nicht zu Unrecht dauernd bedroht. Dem schwersten Attentat am Heiligen Abend des Jahres 1800 war er nur um Haaresbreite entkommen. Auf seinem Wege in die Oper war ein mit Sprengstoff gefüllter Karren explodiert, und 22 Menschen waren getötet und 56 verwundet worden. Kurze Zeit später wurde ein neuer Anschlag gegen Napoleon geplant, der auch die Billigung bourbonischer Prinzen und der englischen Regierung fand, die sich sogar bereit erklärte, das Unternehmen zu finanzieren. Die französische Geheimpolizei war davon überzeugt, daß auch der Herzog von Enghien dieser Verschwörung angehörte, man wußte, daß in seinem Haus in Ettenheim Emigranten aus- und eingingen, und man glaubte, er habe auch geheime Reisen nach Paris unternommen. Tatsächlich war er jedoch in der Schweiz gewesen. Innerhalb der französischen Regierung wurde man noch nervöser, als ein auf den Herzog angesetzter Spion meldete, der Herzog habe den General Dumouriez bei sich zu Gast gehabt. Der Spion hatte den Eigentümer eines Ettenheimer Hotels nach den Gewohnheiten und dem Umgang des Herzogs gefragt, und der Hotelier hatte arglos den Namen des Marquis de Thumérie erwähnt, eines Emigranten, der keinerlei aktive Rolle spielte. Der Spion hatte diesen Namen falsch verstanden und Dumouriez gehört, was Napoleon allerdings Anlaß zur Besorgnis geben mußte, weil General Dumouriez zu den Österreichern übergelaufen und es sehr gut möglich war, daß er einer Verschwörung gegen Napoleon angehörte.

Gleichzeitig wurde aus Offenburg gemeldet, daß zahlreiche Emigranten sich dort auf einen Umsturzversuch in Frankreich vorbereiteten. Die Meldung war falsch, aber man glaubte ihr in Paris.

Dem Herzog von Enghien lag jeder Gedanke an eine Verschwörung fern. Er war sich darüber im klaren, daß er von Napoleons Agenten überwacht wurde, ließ sich dadurch aber nicht beunruhigen. Er wurde wiederum und wiederholt gewarnt, Napoleon werde, wenn er es für notwendig erachte, sicher nicht zögern, sich seiner zu bemächtigen, um ihn ermorden zu lassen, der Herzog aber schenkte diesen Warnungen kein Gehör. Er hätte um so mißtrauischer werden müssen, als am 12. März 1804 französische Gendarmen in Offenburg den Versuch gemacht hatten, eine angebliche Agentin und zwei ehemalige Offiziere aus dem Korps des Prinzen von Condé zu entführen. Die Aktion war jedoch am Widerstand der Bevölkerung gescheitert.

Inzwischen nahm das Unheil seinen Lauf. Auf den Bericht des Spions von Ettenheim hin trat in Paris ein Kriegsrat zusammen, in dem beschlossen wurde, den Herzog von Enghien aus Ettenheim zu entführen und ihn in Paris vor ein Gericht zu stellen. Am 13. März erfuhr der königstreue Bürgermeister des elsässischen Städtchens

Rheinau zufällig, daß eine militärische Aktion gegen in Baden lebende Emigranten vorbereitet wurde; er ließ den Herzog warnen und riet ihm dringend, Baden zu verlassen, fand aber ebenfalls kein Gehör. Die einzige Vorsichtsmaßregel, die der Herzog treffen ließ, war die, daß er Herren seiner Begleitung bat, bei ihm in seiner Wohnung auf Matratzen zu nächtigen. Am Abend des 14. März 1804 wurden 500 französische Dragoner und 30 Gendarmen von Schlettstadt und Straßburg aus in Marsch gesetzt und überquerten bei Rheinau den Rhein. Gegen 2 Uhr morgens am 15. März glaubte der Sekretär des Herzogs den Hufschlag von Pferden zu hören. Als man erst gegen 5 Uhr morgens sich nach dem Grund der sich verstärkenden Geräusche umsehen wollte, fand man das Haus schon von französischen Soldaten umstellt. Der Herzog glaubte noch in letzter Minute, durch einen geheimen Ausgang entkommen zu können, man fand jedoch den Schlüssel zu dieser Tür nicht. Im letzten Augenblick verständigte er sich mit einem seiner Begleiter, dieser solle sich für ihn ausgeben, was dieser aber nachher entgegen der Abrede nicht tat.

Erster Sammelpunkt der Franzosen mit ihrer Beute war eine Mühle bei Ettenheim. Wiederum bot sich eine Möglichkeit zur Flucht durch eine kleine Pforte, die aber vesehentlich von außen verschlossen war. Der Herzog wurde nach Straßburg auf die Zitadelle gebracht und dann am 18. März nach Paris überführt. Er wurde sofort in die Festung von Vincennes gebracht, und ihm wurde ein überaus schlechter und schmutziger Raum zugewiesen. Er bat um ein Bad für den nächsten Tag und war offensichtlich völlig ahnungslos, denn er machte Pläne, in den nächsten Tagen in den Wäldern auf Hasenjagd zu gehen. Er erklärte sich bereit, sein Ehrenwort zu geben und nicht zu fliehen. Die Festung wurde indessen sofort von Eliteeinheiten umstellt, und gegen Mitternacht wurde dem Herzog eröffnet, daß er vor ein Kriegsgericht gestellt werde. Er wurde sofort vernommen und insbesondere nach seinen militärischen und politischen Aktivitäten nach 1789 gefragt. Bei der Unterschrift des Protokolls bat

er nachdrücklich um eine persönliche Audienz bei Napoleon. Während seiner Vernehmung hatte sich aber in der Festung bereits jener Ausschuß versammelt, der als Kriegsgericht den Herzog aburteilen sollte, weil er unter anderem an Komplotten gegen die innere und äußere Sicherheit der Republik teilgenommen habe. Das Gericht bestand aus sieben Offizieren, die erst in Vincennes erfahren hatten, welche Aufgabe ihnen zugedacht war. Die Hauptverhandlung begann gegen 2 Uhr nachts, ein Verteidiger wurde dem Herzog nicht gestellt. Der Herzog bestritt energisch, an einem Komplott gegen Napoleon beteiligt gewesen zu sein, schloß aber mit den Worten: „Meine Geburt und meine Überzeugung machen mich für immer zum Feind Ihrer Regierung". Der Vorsitzende des Gerichts forderte den Herzog auf, die selbstmörderische Art seiner Verteidigung zu ändern – vergeblich. So wurde in den frühen Morgenstunden der Herzog einstimmig für schuldig erklärt und zum Tode verurteilt. Der Vorsitzende ließ sofort den Kommandanten der Festung kommen und befahl ihm, den Herzog erschießen zu lassen. Gegen 6 Uhr morgens wurde das Urteil vollstreckt, das Grab war schon vor der Sitzung des Kriegsgerichtes ausgehoben worden.

Selbst die Familie Napoleons, insbesondere seine Mutter und seine Frau Joséphine, hatten Napoleon angefleht, den Herzog nicht erschießen zu lassen, Napoleon aber hatte sich nicht erweichen lassen. Er hätte voraussehen können, daß die Nachricht von der Hinrichtung des Herzogs und von seiner Entführung vom Territorium eines fremden Staates, die ein schwerer Bruch des Völkerrechts war, in Europa den denkbar ungünstigsten Eindruck hervorrufen mußte. Am Hofe des russischen Zaren wurde Staatstrauer angeordnet, der Kurfürst von Baden protestierte in aller Form, war sich aber im klaren, daß der Entschluß Napoleons nicht mehr rückgängig zu machen war. In Frankreich wurde die Hinrichtung ebenfalls von vielen Anhängern der Revolution und auch Napoleons verurteilt. Damals fiel der berühmt gewordene Ausspruch – man weiß nicht sicher, wer ihn getan hat –: „Dies war kein Verbrechen, es war etwas Schlimmeres, es war ein Fehler."

Die Hinrichtung des Herzogs von Enghien und noch weiterer Royalisten hatte jedoch eine wichtige politische Folge, daß nämlich die Mordanschläge gegen Napoleon aufhörten.

Bis heute streiten sich die Historiker darüber, wie weit Napoleon selbst für die Entführung und Erschießung des Herzogs von Enghien verantwortlich war. Der englische Historiker Cronin entschuldigt in seiner Biographie Napoleon und sagt, er sei von seinem Außenminister Talleyrand gedrängt worden; Napoleon habe in dem Tod des Herzogs den Vollzug einer alten korsischen Vendetta und ein Abschreckungsmittel gesehen. Der nationalsozialistische Verfasser einer Napoleon-Biographie, Philipp Bouhler, schrieb, Napoleon habe angesichts der Umstände gar nicht anders handeln können, und er habe immerhin erreicht, daß die royalistischen Verschwörungen und Attentate mit einem Schlag aufhörten. Napoleons französischer Biograph, der angesehene Historiker André Maurois, aber sagte, Napoleon habe „die unrühmlichste Tat seines Lebens" begangen.

Von allen Völkern stürzten sich vor allem die Deutschen auf die Tragödie von Vincennes. Sie sahen in ihr ein Schauer- und Schulddrama, um auf diese Weise Napoleon zu einem Bösewicht im Stile Shakespeares zu machen. Nach dem Einmarsch der alliierten Armeen 1815 in Paris wollte der preußische Feldmarschall Blücher Napoleon in Vincennes an der Stelle der Erschießung des Herzogs von Enghien ebenfalls erschießen lassen. Der Herzog von Wellington riet ihm jedoch ab und schrieb an Blücher: „Wir beide haben bei diesen Vorgängen zu bedeutende Rollen gespielt, um Henker zu werden!" Für Goethe, der gesagt hatte, außerordentliche Menschen wie Napoleon träten aus der allgemeinen Moralität heraus, war Napoleon eine Naturkraft jenseits von Gut und Böse.

Napoleon selbst litt Zeit seines Lebens unter dem Geschehenen und versuchte immer wieder, sich gegenüber seiner Umwelt zu rechtfertigen. So schlug er beispielsweise vor, auf dem Fürstentag in Erfurt möge Corneilles „Cinna" aufgeführt werden, wo es heißt, daß alle Verbrechen des Staates von den Göttern gerechtfertigt werden. Zehn Tage vor seinem Tod öffnete Napoleon noch einmal sein Testament und fügte folgende Zeilen hinzu: „Ich ließ den Herzog von Enghien verhaften und aburteilen, weil es für die Sicherheit, den Nutzen und die Ehre des französischen Volkes notwendig gewesen ist, da der Graf d'Artois nach seinem Eingeständnis 60 Meuchelmörder in Paris unterhielt. In einer ähnlichen Lage würde ich wieder so handeln."

Es wurde auch die Frage gestellt, wie weit die Ratgeber Napoleons eine Mitschuld treffe. Der Biograph Talleyrands, Jean Orieux, schrieb, es sei tatsächlich Talleyrand gewesen, der den Plan der Entführung und Ermordung des Herzogs entworfen habe. Als Talleyrand nach dem Sturz Napoleons eine kurze Zeit Ministerpräsident war, hat er alle ihm erreichbaren Spuren, die auf seine Mitwirkung hindeuteten, eigenhändig vernichtet. Einig sind sich die Historiker indessen darin, daß die Erschießung des Herzogs von Enghien Napoleon den Weg zum Kaiserthron freimachte. In den Augen der Revolutionäre, die den König Ludwig XVI. ermordet hatten, war Napoleon nun einer der ihren geworden, und ein blutiger Abgrund hatte sich zwischen ihm und den Bourbonen aufgetan; man konnte Napoleon nun die Krone anbieten, ohne befürchten zu müssen, daß er ein Doppelspiel treiben werde.

Die Entführung des Herzogs von Enghien war nicht die einzige, die Napoleon befohlen hatte. In der Nacht vom 25. auf den 26. Oktober 1804 überfiel eine Abteilung französischer Truppen das auf neutralem Gebiet gelegene Landhaus des englischen Geschäftsträgers Sir George Rumbold (am Grindel vor den Toren Hamburgs). Rumbolds Papiere wurden beschlagnahmt, und er selber wurde nach Paris gebracht. Der preußische König protestierte sofort energisch bei Napoleon; dieser war überrascht von der von ihm nicht erwarteten Reaktion, und am nächsten Tage erhielt sein Polizeiminister den Befehl, Rumbold nach Cherbourg bringen zu lassen, wo er einem englischen Schiff übergeben wurde.

Ein anderer englischer Diplomat, der 1809 britischer Gesandter in Wien war, verschwand auf dem Wege nach Hamburg aus dem preußischen Städtchen Perleberg. Man nimmt heute mit ziemlicher Sicherheit an, daß er von Franzosen entführt und auf die Festung Magdeburg gebracht wurde, die damals in französischer Hand war, und daß er dort einige Zeit später standrechtlich erschossen wurde. Als Beweis haben wir die Aussage einer Frau aus dem Jahre 1862, die im September 1797 geboren war und in den Jahren 1808 oder 1809 als Tochter eines Soldaten in der Zitadelle von Magdeburg lebte. Sie bemerkte, daß ein Mann in einer verdeckten Kutsche in die Zitadelle gebracht, dort mehrmals vernommen und schließlich erschossen wurde.

Charlotte von Rohan wohnte noch bis 1816 in Ettenheim und kehrte dann nach Paris zurück. Der Vater des Herzogs von Enghien soll ihr angeboten haben, die Heirat nachträglich anzuerkennen, wodurch sie die Erbin eines großen Vermögens geworden wäre. Sie soll den Vorschlag mit der Begründung zurückgewiesen haben, daß sie unmöglich das Vermögen desjenigen annehmen könne, dessen Namen zu tragen ihr zu seinen Lebzeiten nicht gestattet worden sei.

In Ettenheim wird heute das Andenken an den Herzog von Enghien und Charlotte von Rohan sehr gepflegt; im Verkehrsverein im Rathaus erhalten die Touristen ein Merkblatt in deutscher und französischer Sprache, das ihnen die Schicksale dieses Paares nahebringt.

Ähnliche Entführungen wie die beschriebene sind auch unserer Zeit nicht fremd; so wurde der einer rechtsgerichteten Geheimorganisation, der OAS, angehörende Oberst Argoud von französischen Polizeibeamten am 26. 2. 1963 in München überfallen und nach Paris verschleppt. Vor dem Staatssondergerichtshof, vor den ihn General de Gaulle gestellt hatte, bezweifelte sein Verteidiger die Zuständigkeit des Gerichts, weil Argoud mit Gewalt aus der Bundesrepublik nach Frankreich entführt worden sei. Der General-staatsanwalt erklärte hierauf, die französische Regierung habe nie eine Note der deutschen Regierung mit dem Ersuchen um Rücküberstellung Argouds erhalten. Der damalige Bundeskanzler Adenauer hatte seinerzeit auf Fragen ausländischer Reporter nur geantwortet: „Ach, meine Herren, man weiß doch gar nicht, wie der als Postpaket da drüben angekommen ist."

Das Attentat des Karl Ludwig Sand

Zu allen Zeiten haben politische Attentate die Gemüter der Menschen erregt und wie ein Blitzschlag die politische Situation eines Landes und einer Zeit erhellt. Die Attentäter haben mit ihrem Mord meist das Gegenteil von dem erreicht, was sie beabsichtigt hatten. Diese Erkenntnisse gelten in besonderer Weise für ein Attentat, das vor über 160 Jahren in Deutschland und darüber hinaus großes Aufsehen erregte und die weitere politische Entwicklung in unheilvoller Weise beeinflußte; es handelt sich um die Ermordung des deutschen Schriftstellers und russischen Staatsrats August von Kotzebue durch den Studenten der Theologie, Karl Ludwig Sand, am 23. März 1819 in Mannheim.

Sand war im Jahre 1795 als Sohn eines Justizrats in Wunsiedel im Fichtelgebirge geboren worden. Nach seiner Schulzeit nahm er als Freiwilliger im bayerischen Heer am Kampf gegen Kaiser Napoleon teil. Dann studierte er Theologie und geriet an der Universität Jena in einen Kreis radikaler Studenten und Burschenschaftler, der sogenannten „Schwarzen", an deren Spitze der Privatdozent Karl Follen stand. Diese Bewegung trug deutliche revolutionäre Züge und vertrat die Auffassung, daß jede Regierung sündhaft sei. Man kämpfte für die radikale Veränderung der bestehenden Verhältnisse. Sand, der schon früher während der französischen Besatzungszeit mit dem Gedanken gespielt hatte, Napoleon zu ermorden und das Vaterland von dieser Schmach zu befreien, kam in den Bann dieser extremen Vorstellungen, insbesondere nachdem er mit Gesinnungsgenossen im Oktober 1817 das Wartburgfest besucht hatte. Dieses Fest fand auf Einladung der studentischen Burschenschaften zur Erinnerung an die Reformation und die Wiederkehr des Tages der Völkerschlacht von Leipzig 1813 statt. Nach dem Ende des offiziellen akademischen Festprogramms kam es zu Ausschreitungen der radikalen Gruppe der „Schwarzen", bei denen unter anderem über hundert angeblich „volksfeindliche" Schriften verbrannt wurden, darunter die damals allgemein bekannte „Deutsche Geschichte" des Schriftstellers und Dichters August von Kotzebue. Durch die Verbrennung wurde den Werken Kotzebues eine Aufmerksamkeit zuteil, die sie nicht in diesem Maße verdient hatten. 1761 in Weimar geboren, wurde Kotzebue Jurist und ließ sich als Advokat in Weimar nieder. Nachdem er sich dort unbeliebt gemacht hatte, ging er nach Rußland, wo er eine brillante Karriere machte und geadelt wurde. In Reval in Estland leitete er ein Theater und begann, Stücke zu schreiben, was er nach seiner Rückkehr nach Deutschland fortsetzte. Am Ende seines Lebens hatte er die Übersicht über seine Produktion verloren – es sollen 227 Stücke gewesen sein. Kotzebue war eigentlich kein politischer Mensch, er war ein erfolgreicher, etablierter, obrigkeitstreuer Mann, der sich nach den Befreiungskriegen auf die Seite der Restauration stellte und die radikalen Aktivitäten der Studenten, insbesondere nach dem Wartburgfest, scharf kritisierte. Die dem Fest folgenden Ausschreitungen riefen bei den deutschen Regierungen große Empörung hervor. Im Herbst 1818 traten Fürsten und Staatsmänner in Aachen zusammen, um die schwierige politische Lage zu beraten. Ihnen wurde durch den russischen Staatsrat, Graf Stourdza, eine Denkschrift des Zaren vorgelegt, in der die Burschenschaften heftig angegriffen und als „Brutstätten ererbter Anmaßung, aufrührerischen Geistes und verrotteten Herzens" bezeichnet wurden. Gleichzeitig wurden Vorschläge zur Einschränkung der studentischen Freiheiten gemacht. Die Denkschrift rief an den deutschen Universitäten einen Sturm der Entrüstung hervor, und als bekannt wurde, daß Kotzebue ebenfalls für diese Vorschläge eingetreten war und Berichte an den Zaren geschickt hatte, sprang der allgemeine Haß auf ihn über. In dieser aufgeheizten Stimmung reifte in Sand der Plan, Kotzebue zu ermorden; in sein Tagebuch schrieb er: „Viele der ruchlosesten Verräter treiben ungeahndet ihr Spiel. Unter ihnen ist Kotzebue der feigste und boshafteste.

Soll nicht das ärgste Unglück über uns kommen…", so muß er nieder. Schriften und Reden wirken nicht mehr. Nur die Tat kann noch einen Brand schleudern in die jetzige Schläfrigkeit."

Von Dezember 1818 bis zum 9. März 1819 blieb Sand in Jena und bereitete sich mit großer Sorgfalt auf seine Tat vor. Aus einem französischen Hirschfänger ließ er sich einen langen Dolch anfertigen, den er sein „deutsches Schwert" nannte. Außerdem besorgte er sich einen kleinen Dolch und besuchte anatomische Vorlesungen, um die genaue Lage des Herzens kennenzulernen. Als Sand in einer Zeitung las, Kotzebue bereite sich auf eine Reise nach Rußland vor, entschloß er sich endgültig zum Mord. Anfang März 1819 schrieb Sand eine Reihe von Abschiedsbriefen an seine Familie und seine Freunde und rechtfertigte seine Tat; außerdem verfaßte er ein Manifest an das Volk mit dem Titel „Todesstoß dem August von Kotzebue" und fertigte sein eigenes Todesurteil an. Als Sand am 9. März Jena verließ, blieben alle Briefe und Papiere in seinem leeren Zimmer liegen und wurden erst nach dem Mord entdeckt. Seine Reise von Jena nach Mannheim, dem damaligen Wohnsitz von Kotzebue, dauerte 14 Tage – unerklärlicherweise lang –, wenn man nicht die psychologische Erfahrung zu Hilfe nimmt, daß Sand vielleicht durch die leichte Entdeckbarkeit seiner Schriften und seine lange Reisezeit auf eine Art „Gottesurteil" wartete, das ihn von seiner blutigen „Pflicht" befreien würde.

Auf der Wartburg machte Sand eine kurze Rast und trug in das Gästebuch ein: „Drück Dir den Speer ins treue Herz hinein, der Freiheit eine Gasse!" In Mannheim stieg Sand unter falschem Namen im Gasthaus „Zum Weinberg" ab und begab sich am Morgen des 23. März zu Kotzebues Haus. Dem ihm öffnenden Mädchen gab er an, er heiße Heinrich und komme aus Mitau in Kurland; Sand glaubte, Kotzebue würde einen Balten eher empfangen als einen Deutschen. Er wurde nun auf den Nachmittag bestellt und dann in das Wohnzimmer der Familie geführt. Kotzebue trat durch eine

Seitentür ein. Nach kurzem Gespräch näherte Sand sich ihm und stach ihn mehrfach mit seinem „deutschen Schwert" bzw. Dolch in die linke Brustseite, wobei er rief: „Hier, Du Verräter des Vaterlandes!" Kotzebue sank sterbend zu Boden. Als Sand sich von dem Sterbenden abwendete, sah er den vierjährigen Sohn Kotzebues in das Zimmer kommen. Das Kind schrie auf und verwirrte Sand. Hatte er vielleicht zunächst beabsichtigt, unerkannt das Haus zu verlassen und zu fliehen, – er hatte sich Geld in seine Hosenträger eingenäht –, so überfiel ihn jetzt beim Anblick des Kindes plötzliche Reue, er stach sich den kleinen Dolch selbst in die Brust und verletzte sich geringfügig. Als er das Haus verließ, hatte sich draußen schon eine Menschenmenge angesammelt, er ließ sich auf die Knie nieder und stach sich noch einmal in die Brust, aber auch diese Verletzung war nicht tödlich, und Sand wurde in ein Krankenhaus eingeliefert.

In einem Bericht vom 25. März heißt es: „Diesen Morgen ist Herr von Kotzebue begraben worden. Sein Mörder befindet sich nun wieder besser. Man zweifelt nicht an seiner Genesung. Er hat die Sprache wieder erlangt und erklärt, daß er seine Tat nicht bereue. Seit sechs Monaten gehe er damit um. Er glaube, ein gutes Werk verrichtet zu haben, indem er Deutschland von einem Mann befreit, der besonders den Studierenden durch seine Schriften und Anschwärzungen bei dem Kaiser von Rußland viel Böses zugefügt. Er habe keine Mitschuldigen."

Als Sands Wunden heilten, wurde er vom Krankenhaus ins Zuchthaus verlegt, wo man ihm jede mögliche Erleichterung verschaffte; er wurde von den anderen Gefangenen getrennt und brauchte auch keine Ketten zu tragen. Bei den Vernehmungen blieb Sand dabei, daß er eine „tugendhafte und gottgefällige Handlung" begangen habe, er habe die Tat alleine geplant und alleine begangen. Die Behörden vermuteten zunächst eine weitreichende Verschwörung, die indessen nie nachgewiesen wurde.

Nach etwa einjähriger Untersuchung wurde Sand vom Hofgericht in Mannheim zum Tode verurteilt; sein Verteidiger hätte ihm vielleicht das Leben retten können, wenn er sich darauf beschränkt hätte, nach Milderungsgründen zu suchen, seine Zurechnungsfähigkeit anzuzweifeln und ihn als Verführten hinzustellen. Statt dessen forderte der Verteidiger den Freispruch, weil Sand in der festen Überzeugung gehandelt habe, er tue kein Unrecht, und er auch nie das Bewußtsein der Strafbarkeit gehabt habe. Im Urteil heißt es, Karl Ludwig Sand sei wegen Meuchelmordes zur gerechten Strafe und anderen zum abschreckenden Beispiele mit dem Schwerte vom Leben zum Tode zu bringen.

Nachdem der Großherzog von Baden das Urteil bestätigt hatte, wurde der 20. Mai, der Pfingstsamstag, zum Tage der Vollstreckung bestimmt. Das Schafott wurde am damaligen Heidelberger Tor aufgebaut, wo heute das Wahrzeichen der Stadt Mannheim, der Wasserturm, steht. Ursprünglich sollte die Hinrichtung um 11 Uhr am Vormittag stattfinden, sie wurde jedoch wegen des Andrangs der Bevölkerung auf 8 Uhr früh vorverlegt. In einem zeitgenössischen Bericht hieß es: „Die Nachricht von dem bevorstehenden Ereignis hatte sich so schnell verbreitet, daß eine große Menschenmasse, auch viele Studenten aus Heidelberg, nach Mannheim strömten. Die meisten übernachteten auf den Dörfern. Zur Vermeidung jeglicher unruhigen Bewegung hatte man sich mit der Hinrichtung beeilt. So kamen die meisten Studenten erst an, als das blutige Schauspiel schon vorüber war. Alle möglichen Vorsichtsmaßregeln waren getroffen. Die Gefängniswachen hatte man verstärkt, 1200 Mann Infanterie umgaben im Viereck das Schafott, 350 Mann Kavallerie wurden zur Begleitung aus dem Gefängnis verwandt, und selbst eine Abteilung Artillerie stand unter Waffen.

Von den gebildeten Bewohnern Mannheims, die eine während des Prozesses vielfach an den Tag gelegte und auch später noch lange anhaltende Teilnahme für Sand zeigten, ließ sich niemand außer seinem Hause sehen. Viele hatten sogar die Stadt verlassen. Dennoch wimmelten die Straßen von Neugierigen, aber alles verlief recht ruhig. Am Morgen wurde noch eine Stunde lang am Schafott gehämmert, als es fertig war, erschien der Scharfrichter in schwarzer Kleidung. Er trug über dem Rock einen Pelz von Biber, das Richtschwert darunter. Im verschlossenen Hof des Zuchthauses wurde Sand in einen offenen, niedrigen Wagen gehoben, den man zu diesem Zweck hatte kaufen müssen, weil in Mannheim niemand seinen Wagen dazu hergeben wollte. Als das Hoftor aufging und die versammelte Menge den Verurteilten erblickte, brach ein lautes Schluchzen aus. Der Richtplatz war kaum achthundert Schritte vom Gefängnis entfernt. Der Zug bewegte sich langsam vorwärts. Zu beiden Seiten des Wagens marschierten zwei Wärter mit Trauerfloren. Ein zweiter Wagen mit Stadtbeamten folgte. Die Glocken wurden nicht geläutet. Nur einzelne Stimmen „Sand lebe wohl!" unterbrachen die allgemeine Stille…

Nachdem das Todesurteil mit lauter Stimme vorgelesen war, wurden Sand die Hände und der Leib an den Pfahl gebunden. Er bat die Scharfrichterknechte, ihn nicht so fest zu binden, weil ihn die Wunde schmerze. Sie banden ihm darauf die Hände statt auf der Brust auf der Hüfte, weil sie ihm dort das Atmen nicht erschwerten. Auch schoben sie auf seinen Wunsch die Binde vor seinen Augen so, daß ihm das Licht nicht ganz entzogen wurde. Als er eine Schere im Nacken fühlte, bat er, man solle ihm das Haar lassen. Der Scharfrichter flüsterte ihm zu, es sei für seine Mutter bestimmt. Er schnitt ihm nur wenige Haare ab und band die übrigen in die Höhe. Schon der erste Hieb war tödlich. Der Kopf wurde vom Rumpf getrennt. Feierlicher Ernst und tiefes Schweigen herrschten umher. Kaum war die Hinrichtung vorbei, so drängten sich alle Umstehenden an das Gerüst. Das Blut wurde mit Tüchern aufgewischt, der Richtstuhl, durch einen Knaben vom Schafott geworfen, zerschlagen und in kleinen Stücken verteilt. Wer davon nichts bekommen konnte, schnitt sich wenigstens einen blutigen Splitter vom Gerüst ab. Auch mit einzelnen Haaren soll Handel getrieben worden sein, und es scheint, daß Spekulanten fremdes Haar, als von Sand herrührend, für Geld verkauft haben. Körper und Haupt wurden sofort in den Sarg gelegt, der auf der Stelle zugenagelt wurde. Nachdem er unter militärischer Begleitung ins Zuchthaus zurückgebracht und noch einmal untersucht worden war, wurde er nachts um elf Uhr in einer Ecke des benachbarten lutherischen Kirchhofes in Begleitung mehrerer Personen unter den gewöhnlichen Gebeten eingesenkt. Das Grab aber wurde sofort mit dem ausgehobenen Rasen wieder überdeckt und eben gemacht. Das Volk habe, schrieben die Freunde, die Wiese, worauf die Hinrichtung erfolgte, „Sands Himmelfahrtswiese" genannt.

Die Nachricht von der Hinrichtung Sands führte in Deutschland zu leidenschaftlichen Diskussionen; Sand wurde ein Überzeugungstäter genannt, und seine Tat wurde sittlich gerechtfertigt. So schrieb der Berliner Theologe Wilhelm de Wette an die Mutter Sands, die Tat ihres Sohnes sei aus Irrtum hervorgegangen und nicht ganz frei von Leidenschaft, aber der Irrtum würde aufgehoben durch, wie es hieß, „die Lauterkeit der Überzeugung; die Leidenschaft wird geheilt durch die gute Quelle, aus der sie fließt. Er hielt es für recht, und so hat er recht getan; ein jeder handle nur nach seiner besten Überzeugung, und so wird er das Beste tun. So wie die Tat geschehen ist durch diesen reinen, frommen Jüngling, mit diesem Glauben, mit dieser Zuversicht, ist sie ein schönes Zeichen der Zeit. Ein Jüngling setzt sein Leben daran, einen Menschen auszurotten, den soviele als einen Götzen verehren; sollte dies ohne alle Wirkung sein"?

Dieser Einsatz für Sand war folgenreich für den Theologen de Wette, denn er wurde abgesetzt und verlor sein Lehramt. Eine weitere Wirkung der Hinrichtung Sands war die vermehrte Aufführung der Theaterstücke Kotzebues, ihr Bekanntheitsgrad verdoppelte sich. Kriminologen kennen das Gesetz der Serie, die Duplizität der Ereignisse. So war es nicht verwunderlich, daß es bald schon zu einem weiteren politischen Attentat kam, zu einem Mordversuch an dem nassauischen Regierungspräsidenten von Ibell in Bad Schwalbach. Der Apothekengehilfe Löning aus Idstein, der auch ein Anhänger der „Schwarzen" war, stach auf sein

Opfer ein, von Ibell wurde schwer verletzt, kam aber mit dem Leben davon. Der Täter verübte in der Untersuchungshaft Selbstmord durch das Verschlucken von Glassplittern. Die wichtigsten Folgen der Tat Sands zeigten sich auf dem Gebiet der Politik. Der österreichische Staatskanzler Fürst Metternich, der ohnehin den Freiheitsbestrebungen der deutschen Jugend und den nationalen Forderungen der Studenten zutiefst mißtraute, sah in der Ermordung Kotzebues eine willkommene Gelegenheit, nunmehr Maßnahmen zu ergreifen gegen die – wie er schrieb – „Gauner, die in Deutschland im Namen von Tugend und Vaterland Morde begehen". Metternich traf im Juli 1819 in Teplitz den preußischen König Friedrich Wilhelm III., den er für seine Pläne gewinnen konnte. Es kam zu einer Ministerkonferenz in Karlsbad, an der die Vertreter Österreichs und der wichtigsten deutschen Staaten teilnahmen. Metternich äußerte sich in einem Brief über die Konferenz in dem Sinne, er müsse in Karlsbad mit einem halben Dutzend langweiliger Minister über hitzige Studentenköpfe und ihre Spitzbuben von Professoren debattieren, um die deutsche Revolution mit Gottes Hilfe zu schlagen. Es war daher kein Wunder, daß die Karlsbader Ministerkonferenz außerordentlich harte Maßnahmen beschloß, die als sogenannte „Karlsbader Beschlüsse" in die deutsche Geschichte eingegangen sind. Sämtliche patriotischen Vereinigungen wurden aufgelöst, zuerst die Burschenschaften und andere Studentenbünde, dann auch die Turnerschaften. Die Universitäten wurden durch besondere Regierungsbevollmächtigte überwacht, die die Aufgabe hatten, den Geist der akademischen Vorlesungen und die Bewegungen und geistigen Strömungen in der Studentenschaft zu kontrollieren. Mit einem Pressegesetz wurden alle Druckerzeugnisse von einigem Umfang einer strengen Zensur unterworfen. Außerdem wurde eine Zentralkommission zur Aufdeckung revolutionärer Umtriebe mit dem Sitz in Mainz gegründet; sie arbeitete bis 1829, ohne daß es ihr gelungen wäre, irgendeine Verschwörung in Verbindung mit Sands Mordtat aufzudecken. Mit sonst unbekannter parlamentarischer Schnelligkeit wurden diese Beschlüsse schon am 20. September 1819 vom Bundestag angenommen, und sie wirkten sich in der politischen Praxis bis zum Jahre 1848 aus. Jede Opposition gegen die herrschende restaurative Ordnung wurde nachhaltig gelähmt. Es ist bis heute wenig bekannt, daß der württembergische König Wilhelm nach der Karlsbader Konferenz zum russischen Kaiser, seinem Vetter und Schwager, nach Warschau reiste, um mit seiner Hilfe die junge württembergische Verfassung von 1819 gegen die Auswirkungen der Karlsbader Beschlüsse und ihre starken Eingriffe in die bürgerlichen Freiheiten zu schützen, was ihm mit der Hilfe des Zaren auch für eine Weile gelang – sehr zum Mißvergnügen Metternichs.

Die stärksten Auswirkungen der Karlsbader Beschlüsse zeigten sich an den Universitäten, wo es zu zahlreichen „Reinigungen" oder „Säuberungen" kam – Begriffe, die seit dieser Zeit noch mehrfach nach politischen Umwälzungen eine große Rolle gespielt haben. Ein Opfer der sogenannten „Demagogenverfolgungen" wurde auch der Staatsrechtslehrer und Politiker Karl Theodor Welcker, der nach jahrelangen Verfahren schließlich freigesprochen wurde. 1823 erhielt er einen Ruf an die Universität Freiburg, von wo aus er zusammen mit Karl von Rotteck die liberale Opposition in der Badischen Zweiten Kammer führte.

Alles in allem kann man also feststellen, daß die Ermordung Kotzebues durch den Studenten Sand der Sache der Freiheit nicht genutzt, sondern im Gegenteil die politische Entwicklung in eine restaurative und reaktionäre Richtung getrieben hat. Diese verhängnisvolle Entwicklung wurde schon damals erkannt; der preußische Ministerresident in Karlsruhe, Karl August Varnhagen von Ense, schrieb in seinen „Denkwürdigkeiten": „Die Tat Sands wurde für Deutschland ein Wendepunkt in der Entwicklung seines inneren Verhältnisses zwischen Regierung und Volk oder sollte es wenigstens werden, gemäß dem Wollen und Trachten derjenigen hochgestellten sowohl Fürsten als Minister, die mit überwiegendem Ansehen die Staatssachen leiteten."

Der Anschlag auf König Wilhelm I. von Preußen

Am 14. Juli 1861, einem schönen Sonntagmorgen, ging König Wilhelm I. von Preußen wie jeden Tag ohne Begleitung von Baden-Baden nach Lichtenthal spazieren. Der König ging auf dem Fußweg der rechten Alleeseite, als ihn ein junger Mann überholte und ehrerbietig grüßte. Später überholte der König wiederum diesen jungen Mann, der abermals respektvoll grüßte. Kurz darauf traf der König den preußischen Gesandten am Badischen Hof, den Grafen Flemming, und lud ihn ein, an seinem Morgenspaziergang teilzunehmen. Beide waren in ein Gespräch vertieft, als sich wiederum der junge Mann von hinten näherte. Auf der Lichtenthaler Allee, in der Nähe der Gunzenhauser Straße, wo jetzt im sogenannten Hirtenhäuschen Töpferwaren angeboten werden, schoß der junge Mann zweimal aus einer Entfernung von wenigen Schritten auf den König. Die eine Kugel ging in die Luft, die andere durchbohrte die linke Seite des Rockkragens und verursachte eine leichte Streifwunde am Hals des Königs. Als der König und sein Begleiter sich erschrocken umdrehten, stand der junge Mann in ruhiger Haltung da. Graf Flemming packte ihn an der Brust und rief einige heraneilende Personen zur Hilfe. Unter ihnen war ein Rechtsanwalt Süpfle, der, als er hörte, daß dieser Mensch auf den König geschossen habe, den jungen Mann mit den Worten zu Boden riß: „Das ist eine Schande für Baden! Das muß gerächt werden!" Der König befahl jedoch, man solle dem jungen Mann kein Leid antun. Ein vorüberfahrender Fiaker wurde angerufen, und der junge Mann wurde in Begleitung einiger Männer zum Polizeiamt gebracht. Der König setzte – allein – seinen Spaziergang nach Lichtenthal fort.

Schon im Wagen gab der junge Mann seinen Namen mit Oskar Becker an und überreichte seine Brieftasche, in der

sich eine Photographie des Königs und ein Brief befanden. In diesem hieß es:

„Ich habe mich entschlossen zur Tat, die ich begehen werde, deshalb, weil ich der Meinung bin, daß Seine Majestät, der König von Preußen, trotz vieler anerkennenswerter Bestrebungen, nicht imstande sein wird, die Umstände zu meistern, die sich der Lösung der Aufgabe entgegensetzen, die er als König von Preußen in bezug auf die Einigung Deutschlands zu erfüllen hätte. Ich weiß, daß viele meine Tat mißverstehen werden, viele werden sie daher mißbilligen oder sogar lächerlich finden. Ich kenne die bedauerlichen Folgen, die diese Tat für meine Person haben wird, aber mich trägt die Hoffnung, daß sie von wohltätiger Wirkung für die Zukunft Deutschlands sein werde. Mögen doch endlich die Deutschen vom fruchtlosen Hinundherreden sich zur Tat wenden."

Oskar Becker, Student der Rechte in Leipzig; geschrieben in Baden-Baden, 13. Juli 1861

Als das Attentat in Baden-Baden bekannt wurde, war die Entrüstung groß. Ebenso groß war die Erregung der Gemüter in ganz Deutschland, als die Zeitungen über den Anschlag berichteten. Man konnte zum Beispiel lesen, daß die göttliche Vorsehung das Leben des Königs geschützt habe. Ein Extrablatt schloß mit dem Psalmwort: „Nun merke ich, daß der Herr seinem Gesalbten hilft." Überall fragte man sich nach dem Motiv dieses Verbrechens. War es die Tat eines Wahnsinnigen oder war es die erste Äußerung einer weitverzweigten politischen Verschwörung, mit der ein Umsturzversuch angekündigt wurde? Wer war dieser Oskar Becker?

Oskar Becker wurde am 18. Juni 1839 in Odessa in Südrußland geboren. Er stammte aus einer angesehenen Familie, sein Vater war Direktor eines Lyzeums und russischer Staatsrat. Seine Mutter hatte er sehr früh verloren, der Vater ließ dem Jungen aber eine gute Erziehung angedeihen. Dieser besuchte zunächst das Gymnasium in Kiew, dann brachte der Vater ihn und seinen Bruder nach Deutschland auf eine Schule in Dresden. 1858 faßte Becker den Plan, in den preußischen Militärdienst zu treten, kehrte jedoch dann auf die Schule zurück und bestand Ostern 1859 das Abitur. Im Anschluß daran begann er in Leipzig Rechtswissenschaft zu studieren. Er war ein außerordentlich fleißiger Student und arbeitete Tag und Nacht. Nebenbei beschäftigte er sich mit Musik und neueren Sprachen und verdiente sich durch Übersetzungen ein gutes Taschengeld. Während seines zweijährigen Aufenthaltes in Leipzig bekam er für zwei akademische Preisaufgaben Auszeichnungen. Der ehrgeizige Student trieb auch noch orientalische Sprachstudien und erwarb sich in kurzer Zeit eine umfassende Kenntnis des Persischen, Arabischen und Türkischen. Alle Personen, die mit ihm in nähere Berührung kamen, insbesondere seine Lehrer, nannten jedoch neben diesen guten Eigenschaften seinen maßlosen Ehrgeiz, eine auffallende Eitelkeit und eine ebenso große Selbstüberschätzung. Beckers Ansichten waren teilweise so verworren, daß man für seinen Verstand fürchtete. Interesse an Politik wurde an ihm zunächst noch nicht wahrgenommen. Aus den Briefen seines Vaters, die man später fand, sprach eine tiefe Besorgnis über diese Entwicklung des Sohnes, insbesondere über dessen ewig neue Pläne.

„Noch vor drei Monaten hast Du mir mit Begeisterung von Deinen Studien und Lehrern geschrieben, und jetzt ist schon alles verraucht. Du bist mit Dir selbst und der Welt unzufrieden. Ich bedaure Deine Rücksichtslosigkeit im Urteil über Männer von anerkanntem Verdienst. Es ist maßloser Egoismus, mit dem Du die ganze Welt außer Dir selbst für unzurechnungsfähig hältst."

Gleichzeitig wendet sich der Vater gegen den Plan seines Sohnes, Mitarbeiter oder Redakteur an einer politischen Zeitung zu werden. Oskar Becker hatte sich inzwischen mit Politik befaßt und insbesondere die Schriften Machiavells gelesen, in denen er den Grundsatz zu finden glaubte, daß der Zweck die Mittel heilige, und die Lehre vom Fürstenmord hatte ihn beeindruckt. Becker sah sein Ideal und Ziel in der deutschen Einigung, der Weg zu ihr schien ihm indessen viel zu lang, und das deutsche Volk schien ihm auch zu träge zu sein. Er glaubte sich daher berufen, das deutsche Volk mit einer energischen Tat antreiben zu müssen, und diese energische Tat sollte die Beseitigung des preußischen Königs sein.

Nachdem dieser Entschluß langsam in ihm herangereift war, kaufte sich Becker zwei Pistolen und veranstaltete Schießübungen. Außerdem beschaffte er sich eine Photographie des Königs und fuhr dann am 13. Juli 1861 nach Baden-Baden. Sofort nach seiner Ankunft erkundigte er sich nach den Lebensgewohnheiten des Königs und mietete sich in einem Gasthof in der Nähe der königlichen Wohnung ein. Hier erfuhr er, daß der König regelmäßig einen Morgenspaziergang machte. Am nächsten Morgen folgte er dem König und schoß dann auf ihn.

Nach der Tat und während der Dauer seiner Untersuchungshaft zeigte Becker dieselbe Ruhe und Gelassenheit wie bei der Tat. Er sah wohl ein, daß seine Tat verwerflich gewesen war, hielt dem aber entgegen, daß ihr Zweck ein guter gewesen sei.

Die Anklagebehörde arbeitete sehr schnell; die Anklageschrift begann mit den Worten: „Am Sonntag, den 14. Juli dieses Jahres, wurde auf Seine Majestät, den König Wilhelm von Preußen, welcher in diesem Sommer zum Gebrauche einer Badekur in unserer vaterländischen Stadt Baden seinen Aufenthalt genommen hatte, ein ruchloses Attentat verübt."

Die Anklage lautete „nur" auf Mordversuch. Hiergegen legte der Angeklagte Nichtigkeitsbeschwerde ein und verlangte, auch wegen eines hochverräterischen Angriffs auf den Bestand des Deutschen Bundes bestraft zu werden, obwohl oder weil hierauf die Todesstrafe stand. Auf diese Weise wurde das Interesse an dem Verfahren in der Öffentlichkeit noch mehr geweckt; man stellte sich den Attentäter als eine außergewöhnliche Persönlichkeit vor, und als die Hauptverhandlung vor einem Schwurgerichtshof in Bruchsal am 23. September 1861 eröffnet wurde, war die Spannung groß. In einem zeitgenössischen Bericht hieß es:

„Die bewegte Spannung des Augenblicks lastete sichtlich auf allen Anwesenden, als der schwarz und elegant gekleidete Angeklagte, ein schlanker Mann mittlerer Größe, geleitet von einem Gendarmen, erschien. Sein persönliches Auftreten ist durchaus nicht unangenehm, jedoch sucht man in seiner Physiognomie vergeblich den Stempel besonderer Intelligenz oder hervorragender Charakterstärke. Sein Blick ist scharf, lauernd, mitunter stier; die Gesichtsfarbe ist blaß."

Die Enttäuschung der Zuhörer wuchs, als plötzlich der Angeklagte seine früheren Geständnisse widerrief und die Behauptung aufstellte, er habe nur ein Scheinattentat beabsichtigt gehabt und damit eine gewisse moralische Wirkung auf Deutschland erzielen wollen. Er habe unschuldig einen Opfertod sterben wollen. Das Gericht ließ sich jedoch auf diese Behauptungen nicht ein.

Von der Verteidigung wurde die Frage nach der Zurechnungsfähigkeit des Angeklagten aufgeworfen. Oskar Becker protestierte jedoch mit aller Entschiedenheit gegen den Versuch, ihn für völlig oder teilweise unzurechnungsfähig zu erklären. Der medizinische Sachverständige, ein Gerichtsarzt, kam in seinem Gutachten zu dem Ergebnis, die Tat zeuge zwar von moralischem Wahnsinn und sittlicher Verkommenheit, die vom Strafgesetzbuch aufgestellten Bedingungen fehlender oder verminderter Zurechnungsfähigkeit seien aber nicht gegeben.

Der Staatsanwalt begann sein Plädoyer mit den Worten: „Der frevelhafte Angriff, der auf den König von Preußen verübt wurde, hat jedes preußische, jedes deutsche Herz mit Entrüstung und zugleich mit Beschämung erfüllt... Uns Badenser (so im Text!) erfüllt aber ein um so stärkeres Schamgefühl, weil die ruchlose Tat auf badischem Boden gegen einen nahen Verwandten unseres Herrscherhauses ausgeführt wurde und damit das Asyl der Gastlichkeit, das unserem Lande den Namen gegeben hat, besudelt worden ist."

Der Verteidiger wies in seinem Plädoyer noch einmal auf den Geisteszustand des Angeklagten hin, der sicher an Unzurechnungsfähigkeit grenze. Geschickt schloß er sein Plädoyer mit den Worten: „Den Angriff Ihres Wahrspruchs, meine Herren Geschworenen, haben Sie nicht zu fürchten, um so weniger, als Sie dadurch die deutsche Ehre wahren, indem Sie aussprechen, daß es keinen Deutschen gibt mit vollem Verstande, mit allen seinen Sinnen, der fähig wäre, einen Fürstenmord zu begehen."

„Ich habe gestrebt für die Einigung Deutschlands! Dafür wollte ich sterben", waren Beckers pathetische Schlußworte.

Das Urteil lautete auf eine Zuchthausstrafe von 20 Jahren, teilweise in Einzelhaft zu vollstrecken, und auf dauernde Landesverweisung aus Deutschland.

Wenige Tage nach seiner Verurteilung gab Becker zu, seine Behauptung, er habe nur ein Scheinattentat beabsichtigt, sei eine Lüge gewesen. Der Verfasser des zeitgenössischen Gerichtsberichtes bemühte sich, eine Erklärung für die Tat Beckers zu finden und sah sie abschließend darin, daß „solch tolles und zugleich verdammenswertes Treiben nur durch die abgöttische Verehrung des sich selbst bestimmenden Willens, durch den Absolutismus der Selbstverherrlichung, welcher seine erhabene und unfehlbare Person von den Gesetzen der Sittlichkeit und des ewigen Rechtes entbunden erachtet", erklärt werden kann.

Oskar Becker wurde in die Strafanstalt Bruchsal gebracht. Hier entwickelte er bald fixe Ideen; so gab er an, er empfinde zuweilen an jener Stelle einen Schmerz, an der er den König getroffen habe. Nachdem er vier Jahre in Einzelhaft verbracht hatte, zeigte sich ein schnell fortschreitender körperlicher und geistiger Verfall. Becker schuf sich eine eigene Religion, trat zum Islam über, verschickte Heiratsanträge und unterhielt eine umfangreiche Korrespondenz mit Fürsten und Großen Europas. Der evangelische Gefängnisgeistliche schrieb im September 1866 über ihn, daß Becker heute noch keine Reue zeige. Wenn man eines der bisher eingereichten Gnadengesuche befürworte, dann geschehe dies nur um seiner Krankheit willen. Am 24. Oktober 1866 wurde Oskar Becker durch „höchste Entschließung" des Großherzogs von Baden begnadigt, und zwar unter der Bedingung, daß er sofort das Land zu verlassen habe und nie wieder das Gebiet eines deutschen Staates betreten dürfe. Eine Woche später wurde Becker von seinem Vater abgeholt und gab an, er werde nach Belgien reisen und sich dort zunächst aufhalten. Über sein weiteres Leben ist nichts bekannt geworden.

Das Attentat von Baden-Baden blieb nicht der einzige Anschlag auf das Leben Wilhelm I. Am 11. Mai 1878 schoß der 21jährige Max Hödel auf den nunmehrigen Kaiser Wilhelm I., der in Berlin in Begleitung seiner Tochter, der Großherzogin Luise von Baden, im offenen Wagen die „Linden" entlang fuhr. Der Kaiser blieb unverletzt, Hödel wurde verhaftet. Er gehörte zu einem Kreis radikaler Sozialisten und Anarchisten und war mehrfach vorbestraft; für 6 Mark hatte er sich einen Revolver gekauft, von dem ein Sachverständiger in der Hauptverhandlung sagte, daß er mit dieser Waffe gar nicht hätte treffen können. Hödel schrieb aus der Untersuchungshaft an seine Angehörigen: „Es tut mir aber sehr leid, fehlgeschossen zu haben – doch Polen ist noch nicht verloren!" Wenige Tage vor dem Attentat ließ sich Hödel photographieren und hatte dabei verlauten lassen, bald würden wohl alle von ihm sprechen. Vor dem Untersuchungsrichter sagte er aus, ihm habe jede Mordabsicht ferngelegen, er habe sich vielmehr im Angesicht des Kaisers selbst töten wollen, um der herrschenden Klasse die Erbärmlichkeit seines Daseins vor Augen zu führen. Hödel wurde wegen Hochverrats zum Tode verurteilt und hingerichtet.

Drei Wochen später, am 2. Juni 1878, erfolgte wiederum ein Attentat auf den Kaiser. Der Täter hatte sich in einem Haus „Unter den Linden" ein Zimmer gemietet und von dort mit einer Schrotflinte auf den Kaiser geschossen, als dieser wie gewöhnlich am Sonntag gegen 15 Uhr über die „Linden" fuhr. Der Kaiser wurde von 30 Schrotkörnern an Kopf und Hals getroffen und erheblich verletzt; er wäre mit Sicherheit getötet worden, wenn ihn nicht sein Helm geschützt hätte. Als die Menschenmenge, die das Attentat miterlebt hatte, in das Haus eindrang, aus dem der Attentäter geschossen hatte, brachte sich dieser einen Schuß in den Kopf bei, an dem er einige Monate später starb. Es handelte sich um den 30jährigen Dr. phil. Carl Nobiling, der nach seinem Studium eine kurze Zeit als praktischer Landwirt und beim Preußischen Statistischen Staatsbüro tätig gewesen war. Da er den dortigen Anforderungen nicht gewachsen war, wurde er entlassen. Er unternahm zahlreiche Reisen und fand später nie mehr eine dauernde Beschäftigung.

Während das Attentat in Baden-Baden keine politischen Folgen hatte, waren die politischen Folgen nach den Attentaten in Berlin sehr schwerwiegend. Schon nach dem Attentat Hödels hatte der Reichskanzler von Bismarck dem Reichstag ein Ausnahmegesetz gegen die Sozialdemokratie vorgelegt, das der Reichstag jedoch ablehnte. Nach dem Attentat Nobilings wurde auf den Rat von Bismarcks hin der Reichstag aufgelöst. Der noch unter dem Eindruck des Attentats neugewählte Reichstag billigte dann das „Gesetz gegen die gemeingefährlichen Bestrebungen der Sozialdemokratie". Es bleibt jedoch festzuhalten, daß weder im Fall Hödel noch im Fall Nobiling je Zusammenhänge zwischen den Attentaten und der Sozialdemokratischen Partei nachgewiesen worden sind.

Es folgte nun eine Zeit der Unterdrückung der linken Opposition. Da aber bekanntlich Druck Gegendruck erzeugt, begann der viel radikalere Anarchismus in Deutschland zu wuchern.

Was die Persönlichkeit der Attentäter anlangt, so zeigen sie bemerkenswerte Gemeinsamkeiten, die sie mit vielen Attentätern der Geschichte teilen, die allein und aus eigenem Entschluß ein Attentat auf ein Staatsoberhaupt oder einen wichtigen Politiker begangen haben und deren Tat nicht mit einer Organisation oder gar einem Umsturzversuch verbunden war. Meist handelte es sich um gescheiterte Existenzen, deren meist verworrene Ansichten nur dazu dienten, das persönliche und berufliche Scheitern zu verdekken, was ihnen selbst allerdings wohl nicht bewußt war. Hinzu kam ein übersteigertes Selbstbewußtsein. Aus den vielfältigen Enttäuschungen des Lebens erwuchs bei den Attentätern eine starke Aggression, die sich sowohl gegen einen anderen Menschen als auch gegen sie selbst entladen konnte, denn Mord und Selbstmord hängen erfahrungsgemäß sehr eng zusammen.

Die Attentate gegen Wilhelm I. konnten nur ausgeführt werden, weil sein Leben ein sehr regelmäßiges war, über das sich jedermann leicht informieren konnte. Auch war die Bewachung minimal – in Baden-Baden ging der König sogar ganz alleine spazieren. In großer Gelassenheit nahm er sich offenbar selbst nicht so wichtig, wie heute manche Größen der Politik sich wichtig zu nehmen scheinen.

Matthias Erzberger und seine Mörder

Am 26. August 1921 wurde der Zentrumspolitiker und zeitweilige Reichsfinanzminister Matthias Erzberger im Schwarzwald in der Nähe von Bad Griesbach von dem 26jährigen früheren Oberleutnant zur See, Heinrich Tillessen, und dem 28jährigen früheren Leutnant, Heinrich Schulz, erschossen. Die Reaktion auf diesen Mord war in ganz Deutschland nachhaltig und erschreckend, viele Deutsche jubelten, und von den Anhängern der Rechtsparteien wurden die Mörder mit Brutus oder Wilhelm Tell verglichen; Zeitungen der Rechten begrüßten die Tat, dies beispielsweise mit den Worten „Jedes andere Volk würde solchen Verschwörern unbegrenztes Verständnis entgegenbringen". Ein evangelischer Theologe schrieb dagegen voller Entrüstung in der „Christlichen Welt": „Ungeheuerlich ist es, mit welchem Jubel ungezählte evangelische Christenleute diese Nachricht begrüßt haben. Ungeniert macht sich die Stimmung laut, auf den Straßen, in den Eisenbahnen, in den Familien. Dieser Haß mag bei manchen ehrliche Entrüstung gewesen sein über die Verfehlungen, deren sie Erzberger schuldig glaubten. Aber bei unzähligen war er politisch bestimmt: er richtete sich gegen den Politiker, der durch seine Tatkraft und Sachkunde eine starke Stütze der Republik werden konnte." Der spätere Reichspräsident der Republik, Generalfeldmarschall von Hindenburg, äußerte nach der Ermordung Erzbergers: „Es ist nicht wahr, daß ich Erzberger jemals die Hand gegeben habe." Was steckte, so fragen wir Heutigen uns, hinter diesem blanken Haß?

Matthias Erzberger war in der Zeit vor dem Ersten Weltkrieg einer der ersten Berufspolitiker; er wurde am 20. September 1875 in Buttenhausen im Schwäbischen Oberland geboren, sein Vater war Schneidermeister und gleichzeitig Briefträger. Nach zweijähriger Tätigkeit als Volksschullehrer wurde Erzberger Redakteur an einer katholischen Zeitung in Stuttgart und ging dann in die Politik. Er war hochintelligent und immens fleißig und wurde 1903 mit 28 Jahren der jüngste Abgeordnete im Deutschen Reichstag; Erzberger gehörte zum linken Flügel des Zentrums, der damaligen bürgerlich-katholischen Partei, und machte sich durch seine Enthüllungen über Mißstände in der Kolonialverwaltung, die sogar 1906 zur Auflösung des Reichstags führten, durch seinen Kampf gegen die strafrechtliche Privilegierung des Duells und seine Fürsprache bei Behörden zugunsten von nicht immer ganz zweifelsfreien Privatleuten viele Feinde.

Nach dem Beginn des Ersten Weltkrieges setzte sich Erzberger in einer Denkschrift vom 2. September 1914 an Großadmiral von Tirpitz vehement für Annexionen als Kriegsziele ein. So sah er es als „dringende Pflicht" an, „die Folgen des Sieges so auszunutzen, daß Deutschlands militärische Oberhoheit auf dem Kontinent für alle Zeiten gesichert ist, daß das deutsche Volk sich mindestens hundert Jahre ungestörter, friedlicher Entwicklung freuen kann". Erzberger wollte auf Kosten Belgiens, Englands und Frankreichs ein großes deutsches Zentral-Afrika schaffen, und er war bereit, Italien Tunis und Österreich Ägypten zu überlassen. Am 18. Dezember 1915 schrieb er: „Weichlichkeit und Sentimentalität im Kriege wären eine polizeiwidrige Dummheit." 1916 wollte Erzberger dem Papst einen neuen Kirchenstaat im Fürstentum Liechtenstein verschaffen, 1917 setzte er eine vielumstrittene Friedensresolution im Reichstag durch. 1918 wurde er kurz vor der Revolution in die Regierung aufgenommen, und zwar gegen den Widerstand des Reichskanzlers Max von Baden, der den „betriebsamen Kleinbürger" nicht mochte. Auf dringendes Ersuchen der Obersten Heeresleitung fand sich Erzberger bereit, die Leitung der Waffenstillstandskommission zu übernehmen und war damit für die Rolle des Sündenbocks bei der Rechten prädestiniert. Später trat er für die bedingungslose Unterzeichnung des Versailler Friedensvertrages ein und war unbesonnen genug, in jenen Tagen in ein Gästebuch in Weimar den Vers zu schreiben „Erst mach' Dei Sach', dann trink' und lach'!", was ihm als nicht zu überbietender Zynismus ausgelegt wurde. Parlamentarier der Verfassunggebenden Nationalversammlung bezeichneten Erzberger als „politischen Schädling". Jede einzelne seiner Handlungen hätte für sich genügt, ihn in den Augen von Rechtsradikalen als Verräter abzustempeln, und man bezeichnete ihn spöttisch als „Erfüllungspolitiker".

Es dauerte daher auch nicht lange, bis das erste Attentat auf Erzberger am 26. Januar 1920 in Berlin verübt wurde. Als er das Gerichtsgebäude in Moabit verließ, wurden aus nächster Nähe zwei Pistolenschüsse auf ihn abgegeben, durch die er leicht verletzt wurde. Täter war der 20jährige Primaner und ehemalige Fähnrich Oltwig von Hirschfeld, der seine Tat als einen Akt der „Notwehr" für das deutsche Volk bezeichnete. Er wurde des versuchten Mordes angeklagt, die Laienrichter verurteilten ihn aber lediglich wegen gefährlicher Körperverletzung zu einer Gefängnisstrafe von einem Jahr und 6 Monaten, denn sein Verteidiger hatte geltend gemacht, der Angeklagte habe aus ethischen Motiven gehandelt.

Zu denen, die Erzberger haßten, gehörten auch seine späteren Mörder Tillessen und Schulz. Tillessen war von den beiden der aktivere und der führende Teil. Er war am 27. November 1894 als Sohn des späteren Generalleutnants Tillessen in Köln geboren worden und der jüngste von elf Geschwistern. Die Eltern waren streng katholisch. Wie seine Brüder, so wurde auch Tillessen Seeoffizier. Von 1917 bis 1918 tat er Dienst als Wachoffizier auf einem Torpedoboot unter Korvettenkapitän Ehrhardt; nach Kriegsende stellte er sich freiwillig zu weiterer Dienstleistung zur Verfügung und nahm an der Überführung der deutschen Hochseeflotte nach Scapa Flow und ihrer Versenkung teil. Nach seiner Entlassung aus britischer Kriegsgefangenschaft schloß er sich der Marinebrigade Ehrhardt an und beteiligte sich am Kapp-Putsch in Berlin. Anschließend trat er zusammen mit Schulz in die Organisation Consul ein, die auch von Kapitän Ehrhardt geleitet wurde und ein Sammelbecken für Rechtsradikale und frühere Offiziere war.

Schulz, zwei Jahre älter als Tillessen, stammte aus einer Arztfamilie in Saalfeld a.d.S. Er meldete sich bei Kriegsausbruch freiwillig zum Heeresdienst, wurde mit dem Eisernen Kreuz ausgezeichnet, zweimal verwundet und 1918 als Leutnant entlassen. Auch er nahm am Kapp-Putsch teil und traf mit Tillessen spätestens in der Organisation Consul zusammen.

Von allen Politikern der Weimarer Republik haßten die ehemaligen Offiziere Erzberger am meisten. Bei der Organisation Consul in München war der unmittelbare Chef von Tillessen und Schulz der ehemalige Kapitänleutnant von Killinger, der, wie behauptet wurde, mit den beiden Angeklagten innerhalb der Organisation eine extrem radikale Sonderclique bildete, weil ihm die Organisation Consul angeblich noch zu wenig radikal war. Es wurde nie ganz geklärt, ob von Killinger – ausdrücklich oder verschleiert – den Befehl zur Ermordung von Erzberger an Tillessen und Schulz weitergeleitet oder selbst gegeben hatte oder ob er die Tat nur billigte; von Killinger wurde später wegen Beihilfe zum Mord angeklagt, 1922 aber freigesprochen.

Jedenfalls machten sich Tillessen und Schulz auf, um Erzberger zu verfolgen und zu töten. Sie fuhren zunächst nach Berlin und erkundigten sich dort beim Portier des Reichstags nach Erzberger. Auf die Auskunft hin, Erzberger befinde sich in Süddeutschland, fuhren sie nach Stuttgart und riefen im Büro der dortigen Zentrumspartei an. Schließlich erfuhren sie, daß Erzberger in Beuron sei; als sie dort ankamen, war Erzberger bereits wieder abgereist, und die beiden hörten, daß er sich im Renchtal aufhalte. Erzberger befand sich mit seiner Familie in Bad Griesbach im Urlaub; die Polizei hatte ihn gewarnt, er sei in beträchtlicher Gefahr, eines gewaltsamen Todes zu sterben, aber Erzberger schenkte ihren Warnungen kein Gehör. Seiner Tochter Maria gegenüber hatte er aber einige Monate zuvor geäußert: „Die Kugel, die mich treffen soll, ist schon gegossen." Man hatte ihm auch den Rat gegeben, schießen zu lernen und einen Revolver mit sich zu führen, er aber hatte diese

Anregung abgelehnt mit der Begründung, daß er nicht gewillt sei, das Töten zu lernen.

Am Morgen des 26. August 1921 fuhren Tillessen und Schulz von Oppenau nach Bad Griesbach und folgten Erzberger und dessen Freund, dem Reichstagsabgeordneten Diez, auf einer Wanderung in der Richtung des Kniebis. In einer Haarnadelkurve trafen die vier Männer aufeinander, und Tillessen und Schulz schossen sofort auf Erzberger und Diez. Es gelang Erzberger noch, etwa zehn Meter einen bewaldeten Abhang hinunterzulaufen, bevor ihn weitere Schüsse trafen. Als er zusammenbrach, brachte Schulz dem am Boden liegenden Opfer noch zwei Kopfschüsse bei. Diez war in die Brust getroffen worden und schleppte sich noch die Straße hinunter, wo er bald danach gefunden wurde. Er überlebte das Attentat und wurde später Oberbürgermeister von Singen.

Tillessen und Schulz trennten sich nach der Tat und trafen sich in München wieder. Die badische Polizei nahm sofort die richtige Spur auf und schickte Beamte nach München, denen jedoch jede Tätigkeit durch den rechtsradikalen Polizeipräsidenten Pöhner unmöglich gemacht wurde. Die Münchner Polizei wollte sich allerdings nicht nachsagen lassen, sie habe sich nicht korrekt verhalten, und so forderte man denn Tillessen und Schulz brieflich zu einer Vernehmung auf. Tillessen wurde daraufhin von einem früheren Leutnant Kern, einem der späteren Mörder des Außenministers Rathenau, mit dem Auto in die Nähe von Berchtesgaden gebracht, von wo er über die Grenze nach Österreich ging. Er floh weiter nach Ungarn und hielt sich einige Zeit auf den Gütern ehemaliger Offiziere auf.

Schulz hatte es zunächst darauf ankommen lassen und war in München geblieben, bis die Polizei den Häuserblock umstellte, in dem sich Schulz ein Zimmer gemietet hatte. Seinem Rechtsanwalt gelang es, ihn durch einen Polizeikordon zu bringen, und so konnte er ebenfalls nach Ungarn fliehen. Dann trennten sich die Wege der beiden, Tillessen setzte sich nach Spanien ab, wo er unter dem Namen Hans Nagold bei

einer Luftverkehrsgesellschaft angestellt wurde, und Schulz hielt sich einige Jahre in Afrika auf. Nach der Verkündung einer Amnestieverordnung am 21. März 1933 kehrten beide nach Deutschland zurück. Tillessen erhielt eine Stellung beim Norddeutschen Lloyd in Bremen, heiratete 1936 und führte ein tadelfreies Leben. Während des Zweiten Weltkrieges war er wiederum Marineoffizier. Am 3. Mai 1945 wurde er in Mannheim von der amerikanischen Sicherheitspolizei verhaftet; in der Haft erstattete er Selbstanzeige gegen sich wegen Mordes. Die Strafkammer des Landgerichts Offenburg verhandelte im November 1946 in Freiburg gegen Tillessen und stellte das Verfahren durch Urteil ein, weil das Gericht die Amnestieverordnung vom 21. März 1933 als noch gültig ansah. Der Verteidiger Tillessens, Rechtsanwalt Dr. Drischel aus Freiburg, hatte am Schluß seines Plädoyers einen Brief von Frau Erzberger verlesen, in dem diese um Gnade für Tillessen bat. Im Zuhörerraum befanden sich viele Studenten, die dem Verteidiger Beifall klatschten. Die französische Besatzungsmacht leitete daraufhin ein Strafverfahren ein, und einige Studenten, die zugaben, geklatscht zu haben, wurden von der Universität verwiesen.

Aus deutscher Haft freigelassen, wurde Tillessen am Ausgang des Verhandlungssaales von französischen Gendarmen wieder verhaftet. Am 6. Januar 1947 stellte das Höchste Gericht der französischen Besatzungszone, das Tribunal Général in Rastatt, durch Urteil fest, daß die Amnestieverordnung von 1933 nicht mehr anwendbar sei und verwies das Verfahren zur erneuten Verhandlung an das Landgericht Konstanz. Diese Strafkammer verurteilte Tillessen am 28. Februar 1947 zu 15 Jahren Zuchthaus. In seinem Schlußwort hatte Tillessen erklärt: „Ich möchte heute noch einmal wiederholen, daß ich den Mord an Erzberger zutiefst bedauere; ferner, daß ich die Hand gegen Herrn Diez erhoben und unermeßlichen Kummer über die Familien gebracht habe. Das Gericht darf überzeugt sein, daß ich von meiner Tat vollkommen abgerückt bin und den politischen Mord als Kampfmittel und Terror verabscheue. Die gefährlichen Ideen, in denen wir uns damals bewegten, fanden letzten Endes ihre Zuspitzung im Dritten Reich, das Deutschland in ein Meer von Tränen und Blut gestürzt hat. Ich habe damals, verblendet und aus mir ideal scheinenden Motiven und auf höheren Befehl das Attentat ausgeführt und damit etwas auf meine Seele geladen, was mein Leben zerstört und verpfuscht hat. Die innere Flucht alle die Jahre hindurch war etwas so Entsetzliches, daß ich dadurch schon schwer gestraft worden bin. Ich möchte nun endlich zur Ruhe kommen. Mit Rücksicht auf meine Familie und um ihr nicht jede Zukunft zu untergraben, bitte ich um ein mildes Urteil."

Schulz wurde am 19. Juli 1950 durch das Schwurgericht Offenburg zu 12 Jahren Zuchthaus verurteilt. Der Staatsanwalt hatte ihn als einen Mitläufer Tillessens bezeichnet. Im Jahre 1952 wurden Schulz und Tillessen durch die Landesregierung von Baden-Württemberg begnadigt, auch die Witwe Erzbergers hatte die Aussetzung der Strafe zur Bewährung befürwortet.

Die Persönlichkeit Erzbergers ist im Rückblick der vielen Jahre wohl auch heute noch umstritten. Erzberger war sicher ein glänzender Politiker mit Ideen und Initiative, die von ihm geschaffene Reichsfinanzreform ist in ihren Grundzügen noch heute in Kraft; auf der anderen Seite wurde zum Beispiel in der Frankfurter Allgemeinen Zeitung am 24. Dezember 1967 auf Erzbergers Beleidigungsprozeß gegen den deutschnationalen Politiker Helfferich im Jahre 1920 hingewiesen, in dem Erzberger sich gegen den Vorwurf persönlicher Bereicherung verteidigen mußte. Die FAZ schrieb hierzu: „Was zu Tage kam, war eine am Maßstab preußischer Beamten- und Honoratiorenpolitik allerdings bedenklich scheinende Förderung eigener finanzieller Vorhaben durch politische Verbindungen, jedoch nicht mehr ... Der rastlose Pragmatiker, der nüchterne, an der Welt und seinen Taten frohe Erzberger wurde ermordet von umdüsterten Fanatikern, die Traumbildern nachjagten."

An der Stelle der Mordtat hatte man zunächst einen Bildstock errichtet, der nach 1933 entfernt werden mußte. 1951 wurde in der Kurve der jetzigen Bundesstraße 28 ein Findling aus Granit zum Gedächtnis an Matthias Erzberger aufgestellt. Am 40. Todestag von Erzberger fand in Bad Griesbach eine Gedächtnisfeier statt, bei der der damalige Innenminister des Landes Baden-Württemberg, Dr. Filbinger, eine Ansprache hielt, in der er Erzberger einen bedeutenden Mann nannte, dessen Andenken zu dienen ehrenvoll sei. Das deutsche Volk müsse lernen, die Märtyrer einer guten Sache zu ehren. Erzberger sei ein Vorbild gewesen, zwar kein strahlender Held, aber ein redlicher Kämpfer für Frieden und Recht. Anläßlich des 50. Todestages veranstaltete die Stadt Biberach, wo Erzberger begraben liegt und eine Kapelle an ihn erinnert, eine Gedenkstunde. Die deutsche Bundespost ehrte Matthias Erzberger 1975 durch eine Briefmarke.

Zu der Handlung, die Erzberger am stärksten zur Last gelegt wurde, der Befürwortung der Unterzeichnung des Versailler Friedensvertrages, heißt es in einer 1978 veröffentlichten Studie von Sebastian Haffner, es wäre wohl besser gewesen, den Vertrag n i c h t zu unterzeichnen. Die Unterzeichnung hätte die Beziehung zu den Alliierten viel tiefer vergiftet als eine Unterschriftsverweigerung, sie hätte die deutsche Nation politisch gespalten und die junge Republik diskreditiert. Der Versailler Friedensvertrag sei nicht nur der schlechteste, sondern vielleicht auch der letzte der großen Friedensschlüsse gewesen; seit 1945 leben wir jedenfalls ohne Friedensvertrag.

Kriegsverbrechen und Lynchjustiz

Werner Becker wurde 1967 von einem badischen Schwurgericht zu 12 Jahren Zuchthaus verurteilt. Ihm wurde vorgeworfen, als Leiter einer Dienststelle der Sicherheitspolizei in Polen für die Erschießung von Juden verantwortlich zu sein, und zwar zu verschiedenen Malen; einmal handelte es sich um die Erschießung von zwölf kranken Juden, dann von zwölf arbeitsunwilligen Juden, weiter von sieben Juden, die Fluchtvorbereitungen getroffen hatten, und von zwölf Juden als vergeltende Repressalie für die Flucht anderer. Außerdem war noch ein besonderer Fall hinzugekommen:

Im Februar oder März 1943 wurde der Sipo-Dienststelle Beckers von einer anderen Dienststelle der Gestapo ein etwa 19 bis 20 Jahre altes jüdisches Mädchen übergeben, das sich auf die Frage Beckers sofort bereit erklärte, für ihn als Informantin zu arbeiten und die einheimische Bevölkerung zu bespitzeln. Sie wurde mit polnischen Papieren versehen und erhielt den Decknamen Sophie. Als scheinbar Inhaftierte wurde sie ins Gefängnis gebracht, um dort Polen auszuhorchen, die verdächtig waren, der Widerstandsbewegung anzugehören. Einige Tage später wurde das Gefängnis überfallen, und die Polen konnten fliehen. Das jüdische Mädchen verschwand zunächst ebenfalls, meldete sich aber zwei bis drei Wochen später wieder bei Becker. Sie gab den Deutschen so gute Hinweise, daß dieser Überfall aufgeklärt werden konnte. Das Mädchen blieb für einige Tage in der Dienststelle der Gestapo wohnen, und zwischen ihr und Becker entwickelte sich ein über rein dienstliche Beziehungen hinausgehendes, fast freundschaftsähnliches Verhältnis.

Nach einiger Zeit gewann Becker indessen den Eindruck, das Mädchen sei als Informantin nicht oder nicht mehr zuverlässig und arbeite auch für die Gegenseite. Gleichzeitig gingen Gerüchte um, das Mädchen verlange von der polnischen Bevölkerung unter drohendem Hinweis auf ihre guten Beziehungen zur Gestapo, Lebensmittel und amerikanische Dollar. In den Augen Beckers wurde das Mädchen daher allmählich zu einer akuten Gefahr für die Sicherheitsinteressen der Deutschen. In dieser Situation erinnerte er sich an einen ihm von früher bekannten schriftlichen Befehl des Befehlshabers der Sicherheitspolizei und des Sicherheitsdienstes in Krakau, wonach Informanten nichtdeutscher Nationalität an Ort und Stelle zu erschießen seien, wenn sie eine akute Gefahr für die deutschen Sicherheitsinteressen darstellten. Becker entschloß sich nunmehr, diesen Befehl auf das jüdische Mädchen anzuwenden; er bestellte es im Sommer 1943 an eine bestimmte Stelle in der Nähe seines Dienstortes, fuhr mit ihr in den Wald und ließ sie auf einem schmalen Fußweg vorangehen, um angeblich zu einem vereinbarten Treffpunkt mit Polen zu gelangen. Kurz vor dem Heraustreten aus dem Wald zog Becker seine Pistole und schoß dem Mädchen aus kürzester Entfernung von hinten in den Kopf. Becker und sein Fahrer begruben das Mädchen an Ort und Stelle, wobei Becker zu seinem Begleiter sinngemäß gesagt haben soll: „Schade, daß so etwas Schönes sterben mußte."

Seinem Lebenslauf nach war Becker für diese Taten sicher nicht prädestiniert; er wurde 1909 in Thüringen geboren, besuchte die Volksschule und war nach Beendigung einer Mechanikerlehre von 1927 bis 1929 als Mechaniker tätig. Dann trat er in die thüringische Schutzpolizei ein und wurde 1939 mit dem Dienstgrad eines Kriminalassistenten zur Gestapo abgeordnet. Nach Beginn des Zweiten Weltkrieges wurde Becker einem Einsatzkommando zugeteilt, das hinter der Wehrmacht nach Polen einrückte und die Aufgabe hatte, die neubesetzten Gebiete zu sichern. Nach einigen weiteren Abordnungen wurde Becker im Oktober 1942 die Leitung einer Sipo-Außendienststelle im Generalgouvernement übertragen, wo er bis zum September 1943 blieb. In diese Zeit fielen die oben berichteten Straftaten. Im Oktober 1943 wurde Becker wegen des Verdachts unerlaubter Beziehungen zu einer Jüdin – der oben genannten Informantin – verhaftet und vom SS- und Polizei-Gericht Krakau zu einer Freiheitsstrafe verurteilt. Nachdem er einen Teil der Strafe in einem SS-KZ verbüßt hatte, wurde er zur Frontbewährung entlassen. 1945 geriet er in russische Kriegsgefangenschaft und kehrte 1948 nach Deutschland zurück. Nachdem seine Bemühungen um Wiedereinstellung in die Polizei fehlgeschlagen waren, wurde er 1957 in den Vorbereitungsdienst für die Mittlere Justizlaufbahn aufgenommen und war in mehreren Justizdienststellen in Baden bis zu seiner Festnahme im Februar 1964 tätig. Zuletzt war er Beamter auf Lebenszeit und Justizobersekretär.

Das Schwurgericht wertete die oben geschilderten Tötungen zwar als Mord, aber nur in der Teilnahmeform der Beihilfe, weil, so heißt es im Urteil, Haupttäter die damaligen Machthaber waren, und zwar in erster Linie Hitler, Himmler, Heydrich und Kaltenbrunner, die die Befehle zur Tötung der Juden erteilt hatten. Becker selbst sei nur ein „kleines Rad im Getriebe" gewesen. Auch an der Erschießung der Informantin habe er kein eigenes, materielles oder sonstiges Interesse gehabt.

Nach Verbüßung von zwei Dritteln seiner Strafe wurde Becker auf Bewährung entlassen und führt sich seit dieser Zeit genauso unauffällig auf wie vor seiner Abordnung an den Ort der Tötungen. Ohne den Zweiten Weltkrieg und ohne, daß er in eine so selbständige Stellung gekommen wäre, in der er Herr über Leben und Tod war, wäre er wahrscheinlich nie straffällig geworden.

Indem das Schwurgericht Becker nur wegen Beihilfe zum Mord verurteilte und auf die Befehle seiner Vorgesetzten Bezug nahm, berief es sich auf Vorgänge wie solche im Fall S. S. war SS-Untersturmführer der Waffen-SS und mit der Führung eines Werkstattzuges im Rußlandfeldzug beauftragt. Er war ein fanatischer Judenhasser und nahm sich bei Beginn seines Osteinsatzes vor, möglichst 20 000 Juden zu „erledigen". Als sein Werkstattzug in einem ukrainischen Ort lag und er der Auffassung war, daß die Wehrmacht zu sentimental gegenüber Juden sei, befahl er Leuten seines Zuges, 319 Juden zu erschießen. Einen Monat später führte S. auch in einem anderen ukrainischen Ort eine Erschießung von 191 Juden durch, dasselbe wiederholte sich an einem dritten Ort mit 459 Juden, wobei es zu üblen Ausschreitungen kam. Von den Erschießungen und Ausschreitungen wurde auf die Anordnung von S. hin eine Anzahl von Aufnahmen gemacht, die in zwei Photogeschäften in Süddeutschland entwickelt wurden. Das Oberste SS- und Polizeigericht in München zog diesen Fall an sich, und der Vorsitzende Richter flog zum Reichsführer SS, um sich über dessen Stellungnahme zu Judenerschießungen zu vergewissern. Himmler entschied darauf wie folgt: „Maßgebend für die Frage, ob und welche Bestrafung bei Judenerschießungen ohne Befehl und Befugnis zu erfolgen hat, sind die Beweggründe:

1. Bei rein politischen Motiven erfolgt keine Bestrafung, es sei denn, daß die Aufrechterhaltung der Ordnung eine solche erfordert. Ist letzteres der Fall, dann kann je nach Lage des Falles gerichtliche Verurteilung aus § 92 oder 149 MStG oder aber disziplinare Ahndung stattfinden.

2. Bei eigensüchtigen oder sadistischen bzw. sexuellen Motiven erfolgt gerichtliche Ahndung, und zwar gegebenenfalls auch wegen Mordes bzw. Totschlages.”

Das Gericht verurteilte S. daraufhin 1943 zu einer Gesamtstrafe von 10 Jahren Zuchthaus und führte in den Gründen u.a. aus:

1. Wegen der Judenaktionen als solcher soll der Angeklagte nicht bestraft werden. Die Juden müssen vernichtet werden, es ist um keinen der getöteten Juden schade. Wenn sich auch der Angeklagte hätte sagen müssen, daß die Vernichtung der Juden Aufgabe besonders hierfür eingerichteter Kommandos ist, soll ihm zugute gehalten werden, daß er sich befugt gehalten haben mag, auch seinerseits an der Vernichtung der Juden teilzunehmen. Wirklicher Judenhaß ist der treibende Beweggrund für den Angeklagten gewesen. Er hat sich dabei allerdings in Alexandria zu Grausamkeiten

hinreißen lassen, die eines deutschen Mannes und SS-Führers unwürdig sind. Diese Übergriffe lassen sich auch nicht, wie der Angeklagte will, damit rechtfertigen, daß sie nur gerechte Vergeltungen für das Leid seien, das die Juden dem deutschen Volk angetan haben. Es ist nicht deutsche Art, bei der notwendigen Vernichtung des schlimmsten Feindes unseres Volkes bolschewistische Methoden anzuwenden. An solche grenzt die Handlungsweise des Angeklagten bedenklich. Der Angeklagte hat es zu einer so üblen Verrohung seiner Männer kommen lassen, daß sie sich unter seinem Vorantritt wie eine wüste Horde aufführten. Die Manneszucht ist vom Angeklagten in einer Weise aufs Spiel gesetzt worden, wie es schlimmer kaum denkbar ist. Mag der Angeklagte auch sonst für seine Männer gesorgt haben, so hat er doch durch sein Verhalten seine Dienstaufsichtspflicht gröblichst verabsäumt, wozu nach SS-mäßiger Auffassung auch gehört, daß er seine Männer nicht seelisch verkommen läßt. Der Angeklagte hat sich deshalb insoweit nach § 147 MStG strafbar gemacht. Da diese Strafvorschrift jedoch nur Gefängnis oder Festung bis zu 15 Jahren als Strafrahmen vorsieht, ist die Anwendung des § 5a der Kriegssonderstrafrechtsordnung geboten, da eine derartige Auflösung der Manneszucht eine schwerere Strafe erheischt.

2. Soweit der Angeklagte von den Vorgängen Aufnahmen gemacht hat oder machen ließ, in Photogeschäften entwickeln ließ und seiner Frau und Bekannten zeigte, hat sich der Angeklagte eines Ungehorsams schuldig gemacht. Solche Bilder können die größten Gefahren für die Sicherheit des Reiches heraufbeschwören, wenn sie in falsche Hände geraten. Wie leicht konnten sie aus Süddeutschland über die Schweiz der feindlichen Propaganda zugespielt werden. Diesen erheblichen Nachteil konnte der Angeklagte auch erkennen. Der Ungehorsam ist deshalb als besonders schwerer Fall anzusehen. Dagegen sieht das Oberste SS- und Polizeigericht in diesem seinem Verhalten keine Zersetzung der Wehrkraft. Es ist der Überzeugung, daß dem Angeklagten gar nicht der Gedanke gekommen ist, daß das Zeigen solcher Bilder bei schwachen Gemütern den Wehrwillen des deutschen Volkes lähmen kann, er hat deshalb

eine solche mögliche Folge auch nicht in Kauf genommen. Der Angeklagte ist nach alledem wegen dieser Tat nach § 92 MStG zu bestrafen.

Zur Strafzumessung hieß es, der Angeklagte habe sich zu Grausamkeiten hinreißen lassen, die auf schwere Charaktermängel und auf eine weitgehende innere Verrohung zurückzuführen seien. Um das Urteil sicherer zu machen, war noch eine Strafe wegen eines erfolglosen Abtreibungsversuchs an seiner Ehefrau hinzugefügt worden; nach SS-mäßiger Auffassung verdiene diese Tat schwere Strafe.

In einer späteren gerichtlichen Vernehmung nach dem Zweiten Weltkrieg in Verbindung mit dem Fall Becker wies der ehemalige Vorsitzende des SS-Gerichts darauf hin, man habe S. wegen der Judenerschießungen verurteilen wollen, habe das Urteil aber nur wie geschehen begründen können, weil es sonst von Hitler als Oberstem Gerichtsherrn nie bestätigt worden wäre.

Fälle von Lynchjustiz gab es vor allem in den Jahren 1944 und 1945. Am 28. Mai 1944 erschien im „Völkischen Beobachter" ein Artikel, in dem es sinngemäß hieß: Das Bombardieren deutscher Städte ist Terror; das deutsche Volk, das die Regeln der Kriegführung immer beachtet hat, ist durch diese zynischen Verbrechen erregt. Nur durch Waffengewalt können die Menschen gehindert werden, Terrorflieger zu lynchen, die ihnen in die Hände fallen. Deutsche Polizei und deutsche Soldaten können nicht und dürfen nicht Menschen daran hindern, denen, die unschuldige Kinder morden, die Behandlung angedeihen zu lassen, die sie verdienen. Und man kann sich demgegenüber nicht auf irgendwelche Rechtsnormen berufen. Es gibt kein Gesetz des Kriegsrechtes, das es einem Flieger, der eines solch scheußlichen Verbrechens schuldig ist, erlauben würde, ungestraft davonzukommen, weil er sich auf einen Befehl seines Vorgesetzten beruft, der nicht gerechtfertigt werden kann.

Dieser Artikel hatte im damaligen Deutschland eine beträchtliche Wirkung; ich selbst war Zeuge, als einer Flakbatterie ein Befehl eröffnet wurde, der es den Soldaten verbot, einzugreifen, wenn die Bevölkerung über einen notgelandeten alliierten Flieger herfallen würde. Dieser militärische Befehl, der als geheime Kommandosache verbreitet wurde, wurde anschließend, allen Soldaten sichtbar, verbrannt.

Der Artikel im „Völkischen Beobachter" blieb nicht die einzige „Anregung" dieser Art; in einem Aufruf des Kreisleiters der NSDAP in Königsberg am 2. März 1945 hieß es: „Wer nicht kämpfen will, wird umgelegt! Kämpft wie Indianer und schlagt Euch wie Löwen. Seid listig! Schießt bis zur letzten Patrone und kämpft bis zum letzten Kolbenschlag! Jedes Mittel, mit dem Ihr die Stellung haltet und die Bolschewiken vernichtet, ist recht und heilig. Zurückgegangen wird nicht! Wer nicht kämpfen will und abhaut, wird umgelegt! Schlagt jeden Feigling, Klugscheißer und Pessimisten!" Und im Tagesbefehl Hitlers vom 14. April 1945 hieß es u.a.: „Achtet vor allem auf die verräterischen wenigen Offiziere und Soldaten, die, um ihr erbärmliches Leben zu sichern, im russischen Solde und vielleicht sogar in deutscher Uniform gegen uns kämpfen. Wer Euch Befehle zum Rückzug gibt, ohne daß Ihr ihn genau kennt, ist sofort festzunehmen und nötigenfalls augenblicklich umzulegen, ganz gleich, welchen Rang er besitzt!"

Weiter wurde damals die Sippenhaft für die Angehörigen derjenigen Soldaten eingeführt, die in Gefangenschaft gerieten, und es wurden „fliegende Standgerichte" gebildet, deren Urteile sofort vollstreckbar waren. In dieser Atmosphäre kam es gegen Ende des Krieges nicht selten zu willkürlichen Erschießungen, denn der Wert eines Menschenlebens war stark gesunken.

Im März 1945 wurde in einem Schwarzwaldtal eine Panzervernichtungseinheit des Volkssturms ausgebildet. Soldaten dieser Einheit griffen einen Feldwebel des Heeres und einen jungen Burschen auf, die in einem Bauernhaus um Brot gebettelt hatten. Es stellte sich heraus, daß der Feldwebel von seiner Einheit desertiert war; er wurde der Feldgendarmerie übergeben. Der junge 17jährige Anton war aus einem Konzentrationslager geflüchtet und auf dem Wege zu seiner Mutter in Waldshut. Am Morgen des Karsamstag 1945 wurde der Junge von einem Kommando in den Wald gebracht und mußte dort sein eigenes Grab schaufeln. Unter Tränen bat er seine Bewacher, noch einen Abschiedsbrief an seine Mutter schreiben zu dürfen; dieser Wunsch wurde ihm gewährt. Dann erschien der Kommandoführer Walter Braun, befahl dem Jungen, sich mit dem Gesicht nach unten in das Erdloch zu legen und gab ihm dann den Genickschuß. Die Erschießung war als Urteil eines Standgerichts getarnt worden; Hauptbeteiligte waren der SS-Hauptsturmführer Walter Braun und der Hauptmann des Heeres, Gustav Kraft. Beide waren sehr verschiedene Persönlichkeiten, Braun war Staatsbeamter und sehr stark in Parteiorganisationen und im Sicherheitsdienst der SS engagiert. Er war nie an der Front gewesen, und als in den letzten Tagen des Krieges die Front den Schwarzwald erreichte, setzte er sich unter einem Vorwand in Richtung Bodensee ab; er war allerdings seit vielen Jahren sehr krank. Kraft dagegen hatte es als aktiver Soldat durch Tapferkeit bis zum Hauptmann gebracht, er war Träger des Ritterkreuzes und des goldenen Verwundetenabzeichens und war beinamputiert.

Da die Leiche des jungen Anton nur flüchtig verscharrt worden war und die Beine noch aus der Erde herausragten, wurde die Tat bald bekannt, und Braun wurde von einem französischen Gericht in Abwesenheit zum Tode verurteilt. Viele Jahre lebte er unter falschem Namen in verschiedenen Orten der Bundesrepublik. Allmählich wurde der Drang in ihm, wieder „ehrlich" zu werden, übermächtig, und unter Mitwirkung eines Juristen trafen sich Braun und Kraft. Sie verabredeten, sich freiwillig zu stellen und auszusagen, daß sie beide nur auf strengen Befehl des Kreisleiters der NSDAP gehandelt hätten; beide seien also nur Befehlsempfänger gewesen. In der Hauptverhandlung vor dem Schwurgericht platzte diese Behauptung bald, und beide belasteten sich daraufhin gegenseitig. Bald stand jedoch fest, daß Braun als die treibende Kraft der Tat anzusehen war. Krafts Beitrag hatte darin bestanden, daß er das fingierte Todesurteil mitunterschrieben und einem Unteroffizier befohlen hatte, den Jungen in den Wald zu bringen. Braun wurde zu einer Zuchthausstrafe von 7 Jahren und 6 Monaten verurteilt, Kraft erhielt eine Strafe von 4 Jahren Gefängnis. Beide fühlten sich zu hart bestraft und verglichen ihr Urteil mit dem eines Gerichtes in Nordrhein-Westfalen, das einen früheren General für eine ähnliche Erschießung nur zu eineinhalb Jahren Freiheitsstrafe verurteilt hatte.

Im April 1945, in den letzten Kriegstagen, wurden im Kleinen Wiesental acht „Fremdarbeiter" aus Litauen erschossen. Der damalige Bannführer der Hitlerjugend wurde 1950 von einem französischen Militärgericht in Abwesenheit zum Tode verurteilt. Es ist selbstverständlich, daß Befehle und Aufrufe, wie oben angeführt wurden, ihre entsprechende Wirkung auch noch über die Kapitulation hinaus hatten. Ein deutsches Artillerie-Regiment wurde im Mai 1945 von den Engländern in Österreich interniert; das Regiment blieb unter der Führung deutscher Offiziere und behielt auch Handfeuerwaffen. Eines Tages traf ein Obergefreiter auf der Straße einen Angehörigen der Batterie, der einige Zeit zuvor fahnenflüchtig geworden war. Der Batteriechef gab den Befehl, den Fahnenflüchtigen festzunehmen und zur Batterie zu bringen. Bei seiner Vernehmung gab der Soldat an, er habe versuchen wollen, von der russischen Front in den von Anglo-Amerikanern besetzten Teil Deutschlands zu gelangen; er bat den Batteriechef, seinem Vater nicht zu schreiben, daß er fahnenflüchtig geworden sei. Der Batteriechef berichtete seinem Abteilungskommandeur, der seinerseits dem Kriegsrichter der Division den Vorgang meldete und anfragte, was mit dem Deserteur geschehen solle. Er fügte hinzu, in der Batterie herrsche eine bedrohliche Stimmung, weil u.a. der Deserteur bei seiner Flucht das einzige Krad mitgenommen habe. Der Kriegsrichter antwortete, daß die Division im Augenblick nichts unternehmen könne, er fügte aber hinzu, daß, wenn der Deserteur morgen noch lebe, er zur Division gebracht werden möge. Als der Batteriechef von diesem Ergebnis hörte, ließ er die Batterie antreten und gab bekannt, die Bestrafung des Deserteurs werde der Batterie überlassen. Er sagte seinen Leuten außerdem, der Deserteur habe sein Leben verwirkt – wer derselben Überzeugung sei, möge nach rechts raustreten. Von den etwa 80 Angehörigen der Batterie traten 60 bis 70 nach rechts heraus, und nur einige gingen auf die linke Seite. Der Batteriechef gab nunmehr den Befehl, den Deserteur zu erschießen, und dieser Befehl wurde ausgeführt.

Nach dem Kriege gelang es erst nach langwierigen Ermittlungen, die Beteiligten ausfindig zu machen; der ehemalige Batteriechef befand sich gerade als Referendar bei einer badischen Staatsanwaltschaft. Er wurde wegen Totschlags zu 3 Jahren und 6 Monaten Gefängnis verurteilt. Dem Kriegsrichter der Division, einem Juristen, der später Landgerichtsrat wurde, hätte man vielleicht eine Mitschuld an dem Mord vorwerfen können; er wurde zwar als Zeuge gehört, aber sonst weiter nicht behelligt, während der frühere Abteilungskommandeur kurze Zeit in Haft war.

Der Fall Carl Hau

In der Stadelhofer Straße 11 in Baden-Baden stand vor dem Ersten Weltkrieg eine hochherrschaftliche Villa, die der Witwe des Geheimen Medizinalrates Molitor gehörte. Am Abend des 6. November 1906, 20 Minuten vor 6 Uhr, klingelte in diesem Hause das Telefon. Das Zimmermädchen nahm den Hörer ab, und es meldete sich der Postvorsteher der Hauptpost in Baden-Baden und bat, die gnädige Frau herbeizurufen. Das Mädchen glaubte, am Telefon die Stimme des Schwiegersohns von Frau Molitor, des Rechtsanwalts Carl Hau, zu erkennen, und sie sagte dies auch Frau Molitor. Diese achtete jedoch nicht auf den Hinweis. Der Anrufende – es war tatsächlich, wie sich später herausstellte, Carl Hau – bat Frau Molitor, sofort zum Hauptpostamt zu kommen, um ein Telegramm abzuholen, und er ließ auch nicht gelten, daß das Wetter sehr schlecht sei und sie nicht mehr ausgehen wolle. Da der Anrufer noch einmal die Dringlichkeit der Sache betonte, kleidete sich Frau Molitor an und bat ihre Tochter Olga, sie zu begleiten. Auf dem Wege durch die Kaiser-Wilhelm-Straße kamen die zwei Frauen zu den Lindenstaffeln, und hier fiel aus unmittelbarer Nähe ein Schuß. Frau Molitor sank schwer verletzt zusammen, Olga Molitor konnte gerade noch eine große, schlanke Gestalt wahrnehmen, die sich rasch entfernte. Es war ein Mann mit einem dunklen Hut und einem dunklen, flatternden Mantel mit hochgestelltem Kragen. Frau Molitor wurde von Passanten, die herbeieilten, in das nahe Hotel Meßmer, das Vaterhaus des Schriftstellers Reinhold Schneider, getragen, wo sie nach kurzer Zeit starb. Sie war 62 Jahre alt und besaß ein Vermögen von fast einer Million Mark.

Fünf Jahre zuvor, im Frühjahr 1901, hatte Frau Molitor, die von ihren Töchtern Lina und Olga begleitet war, auf Korsika die Bekanntschaft des 20jährigen Studenten Carl Hau gemacht. Nach kurzer Zeit hatte Hau um die Hand der

Tochter Lina angehalten, die sechs Jahre älter war als er. Als die Mutter ihn abgewiesen hatte, flohen Lina und Carl Hau zusammen in die Schweiz; nachdem das mitgenommene Geld verbraucht war, beschlossen sie, gemeinsam aus dem Leben zu scheiden, und Hau brachte seiner Geliebten einen Schuß in die linke Brustseite bei, der jedoch nicht tödlich war. Sich selbst verschonte Hau. Nun hielten es die beiderseitigen Eltern zur Vermeidung eines Skandals für das klügste, ihren Widerstand gegen die beabsichtigte Ehe aufzugeben, und die Hochzeit wurde im August 1901 mit großem Pomp in Mannheim gefeiert. Beide Eheleute waren zunächst noch auf die Unterstützung ihrer Eltern angewiesen. Hau führte sein Studium in den USA in Washington D.C. zu Ende und bestand alle Prüfungen mit glänzendem Erfolg. Da er über ungewöhnlich gute Sprachkenntnisse verfügte, fand er leicht eine Beschäftigung und wurde Privatsekretär des türkischen Generalkonsuls in Washington. Auf mehreren Reisen nach Konstantinopel gab er viel Geld aus und führte ein ausschweifendes Leben. Später wurde er in Washington als Rechtsanwalt zugelassen und zum Dozenten für Römisches Recht an der George-Washington-Universität ernannt. Binnen kurzem errang er eine außerordentlich angesehene Stellung und machte die persönliche Bekanntschaft Präsident Roosevelts und zahlreicher führender Männer aus Industrie und Wirtschaft.

Im Oktober 1906 reiste Hau bei einem Heimatbesuch mit seiner Frau, dem inzwischen geborenen Kind und seiner Schwägerin Olga von Baden-Baden nach Paris. Von dort erhielt Frau Molitor ein mit „Lina" unterzeichnetes Telegramm, das die Mutter aufforderte, sofort nach Paris zu kommen, weil Olga erkrankt sei. Als Frau Molitor in Paris ankam, wußte angeblich niemand etwas von diesem Telegramm. Von Paris reiste Hau mit Frau und Kind nach London, um von dort die Heimreise nach Washington anzutreten. In London erhielt er ein Telegramm, das, wie sich später herausstellte, von ihm selbst aufgegeben war, mit der Aufforderung, sofort nach Berlin zu kommen. Vor der Abreise beschaffte er sich eine Perücke, einen falschen Bart und einen langen, dunklen Mantel. Er fuhr nicht nach Berlin, sondern nach Frankfurt, legte Bart und Perücke an und reiste mit dem Zug nach Baden-Baden. Durch seinen falschen Bart fiel er dort verschiedenen Personen auf und wurde bis wenige Minuten vor dem Mord von zahlreichen Menschen beobachtet. Nach dem Mord fiel der Verdacht sehr schnell auf Carl Hau; nicht nur das Zimmermädchen hatte ja seine Stimme klar erkannt, es wurde auch festgestellt, daß Frau Molitor fälschlich zum Postamt bestellt worden war. Hau wurde in London verhaftet, nach Deutschland ausgeliefert und in das Untersuchungsgefängnis nach Karlsruhe gebracht. Zunächst verweigerte er jede Aussage über seine Reise nach Baden-Baden. Für seine Frau war der Gedanke, daß ihr Mann ihre Mutter getötet habe, so unerträglich, daß sie im Pfäffikoner See bei Zürich Selbstmord beging. Dadurch verstärkte sich der Verdacht gegen Hau noch mehr.

Die Hauptverhandlung gegen Carl Hau begann am 17. Juli 1907 vor dem Schwurgericht in Karlsruhe. In der Tagespresse hieß es damals:

„Daß unser Publikum heute noch wie im Altertum an Ereignissen Gefallen findet, in denen es sich um Menschenleben handelt, das zeigt wieder der Fall Hau. Hunderte haben sich um Einlaßkarten beworben und die Zahl derer, die keine erhalten konnten, dürfte weit größer sein als die Zahl derjenigen, die den Gerichtssaal füllen. Obgleich es von vornherein aussichtslos war, ohne Karte zu den Verhandlungen zu gelangen, stürmten doch Hunderte nach dem Gerichtsgebäude, so daß ein starkes Polizeiaufgebot Mühe hatte, die Ordnung aufrecht zu erhalten. Welcher Grad der Spannung im Zuhörerraum herrschte, gab sich kund beim Eintritt des Angeklagten. Das Stimmengewirr verstummte mit einem Schlag, alles stand auf, um den Mann zu sehen, über dessen Sein oder Nichtsein die Geschworenen in den nächsten Tagen zu entscheiden haben. Es zeigte sich auch, daß die Sympathien des Publikums weniger auf die Seite des allmächtigen Staatsanwalts, als auf die Seite des Angeklagten hinneigen. Ganz abgesehen von den allgemeinen Erfahrungen der Psychologie hat Hau die Gunst des Publikums seinem sicheren Auftreten zu verdanken."

Die Hauptverhandlung dauerte bei oft unerträglicher Hitze volle fünf Tage. 72 Zeugen und 9 Sachverständige waren geladen. Der Prozeß wurde nicht nur in Deutschland, sondern auch von der internationalen Presse mit größter Spannung verfolgt, war es doch bisher selten vorgekommen, daß ein Angehöriger dieser Gesellschaftsschicht sich wegen Mordes vor Gericht verantworten mußte. Die Geschworenen waren zumeist Handwerker und Landwirte, zu ihrem Obmann wurde ein Metzgermeister aus Bruchsal gewählt. Die Anklage lautete auf Mord; auf dem Tisch des Vorsitzenden lag in einem Spiritusgefäß das Herz der Ermordeten.

Aus der Vernehmung zur Person des Angeklagten ergab sich, daß Carl Hau am 3. Februar 1881 als Sohn eines Bankdirektors in Bernkastel an der Mosel geboren worden war. Er stammte aus wohlhabender Familie und wuchs ohne Mutter und vom Vater erzieherisch vernachlässigt auf. Schon als Gymnasiast hatte er ein sexuell ausschweifendes Leben geführt und seine Gesundheit zerrüttet. Hau studierte in Freiburg und Berlin Rechtswissenschaft und beendete dann, wie schon erwähnt, sein Studium in Washington.

Bei der Vernehmung zur Sache schlug Hau eine Taktik ein, die zur damaligen Zeit ungewöhnlich war. Er lehnte es kategorisch ab, sich über das, was er am 6. November in Baden-Baden tun wollte, tat oder nicht tat, zu äußern. Nur ganz allmählich ließ er sich einige Zugeständnisse entreißen, wenn er aufgrund von Zeugenaussagen überhaupt keine andere Möglichkeit mehr sah; so gab er schließlich zu, daß er bei Frau Molitor angerufen und sie auf das Postamt bestellt hatte. Er leugnete auch nicht mehr, sich vor der Abreise aus Frankfurt nicht nur einen falschen Bart, sondern auch einen Revolver beschafft zu haben. Auf die Frage, ob er am Tatort

gewesen sei, als der Schuß fiel, sagte er: „Es ist möglich, daß ich in der Nähe war." Weiteres aber wollte er über die Vorgänge in Baden-Baden nicht aussagen. In der Beweisaufnahme erregte die Aussage einer Frau von Reitzenstein einiges Aufsehen; sie wohnte nicht weit vom Hause Molitor und war am Abend der Mordtat ausgegangen, um einen Brief in den Kasten zu werfen. In der Nähe der Lindenstaffeln war sie einem Mann mit schwarzem Vollbart begegnet, der mit langen Schritten bergan eilte. Auf dem Rückweg vom Briefkasten traf sie die beiden Damen Molitor, denen in 20 bis 30 Schritten Abstand ein Herr folgte, der kleiner und älter als Hau war und österreichischen Bartschnitt trug. Gefragt, ob sie den Angeklagten wiedererkenne, sagte die Zeugin: „Ja, das war der mit dem schwarzen Vollbart!" Auch auf weiteren Vorhalt blieb Frau von Reitzenstein dabei, daß es sich um zwei verschiedene Männer gehandelt habe. Da im weiteren Verlauf der Zeugenvernehmung der Staatsanwalt die Zeugin sehr bedrängt hatte, schickte der Ehemann der Zeugin, ein ehemaliger Offizier, dem Staatsanwalt wegen Beleidigung eine Duell-Forderung auf Pistolen, die der Staatsanwalt indessen nicht annahm. Da Duelle und auch die Aufforderung zu ihnen verboten waren, wurde der Ehemann Reitzenstein zu einem Monat Festungshaft verurteilt.

Wohl die wichtigste Zeugin, wie es schien, war Olga Molitor, damals 26 Jahre alt, eine sehr gut aussehende, elegante junge Frau, die sicher und selbstbewußt auftrat. Sie würdigte ihren Schwager keines Blickes. In ihrer Vernehmung gab sie an, zunächst ihren Schwager nicht verdächtigt zu haben, und sie habe auch nicht in näheren Beziehungen zu ihrem Schwager gestanden; ihre Schwester Lina sei jedoch eifersüchtig gewesen auf sie. Ein Zeuge bestätigte später diese Aussage; Lina hätte Minderwertigkeitskomplexe gehabt, weil ihr Mann sich zu der jüngeren und geistig bedeutenderen Olga offensichtlich stärker hingezogen fühlte als zu seiner Ehefrau. Nun versuchte der Vorsitzende des Gerichts noch einmal, Hau zu einem Geständnis zu bewegen und appellierte ein letztes Mal an ihn, zu sagen, warum er am

6. November heimlich nach Baden-Baden gefahren sei und sich dort zwei Stunden aufgehalten habe. Hau schwieg. Erst als ein Zeuge, mit dem Hau im Gefängnis gesprochen hatte, sich weigerte, auf dieselbe Frage zu antworten und eine Beugehaft in Kauf nehmen wollte, bat Hau ums Wort und erklärte: „Ich will nicht, daß der Zeuge meinetwegen bestraft wird, ich will deshalb jetzt sagen, warum ich am 6. November nach Baden-Baden gefahren bin und was ich dort getan habe. Es geschah deshalb, weil ich vor der Abreise nach Amerika meine Schwägerin Olga noch einmal sehen und sprechen wollte. Ich empfand für sie leidenschaftliche Zuneigung. Der Abschied von Paris war zu unbefriedigend gewesen."

In diesem Augenblick waren die Sympathien des Publikums unzweifelhaft auf der Seite des Angeklagten. Zunächst wurden aber noch zwei psychiatrische Sachverständige gehört; Professor Hoche aus Freiburg bescheinigte Hau eine ins Krankhafte spielende Phantasietätigkeit und Neigung zur Aufschneiderei und zu Größenwahn. Professor Aschaffenburg aus Köln nannte Hau einen Psychopathen und bedauerte, daß das deutsche Strafrecht den Begriff der verminderten Zurechnungsfähigkeit nicht kenne. Beide Psychiater verabschiedeten sich von dem Angeklagten in herzlicher Weise mit einem Händedruck, was von einem Teil der Presse übel vermerkt wurde. Inzwischen war es an diesem Verhandlungstag 23 Uhr geworden. Der Verteidiger hätte gerne sofort plädiert, da er spürte, wie günstig die Atmosphäre im Gerichtssaal zur Zeit war, aber die erschöpften Geschworenen bestanden auf Vertagung. An diesem Abend wäre Hau vielleicht freigesprochen worden, denn das Geständnis seiner Liebe zu Olga Molitor hatte Eindruck gemacht und Zweifel an seiner Schuld aufkommen lassen.

Am nächsten Tag wuchs in Karlsruhe die Spannung der Menschenmenge vor dem Gericht ins Unerträgliche. Gegen Abend versuchte die Menge, die Postenkette der Polizei zu durchbrechen und gewaltsam in das Gericht einzudringen. Schließlich blieb nichts anderes übrig, als Militär anzufor-

dern; zwei Kompanien des Großherzoglichen Leibgrena-
dierregimentes marschierten an und wurden mit ohren-
betäubendem Lärm empfangen und sogar mit Steinen
beworfen. Als Begleiterscheinung zu einer Hauptverhandlung in Strafsachen hatte man derartige Ausschreitungen
auf badischem Boden noch nicht erlebt.

Im Saal plädierte inzwischen der Staatsanwalt und wies
darauf hin, maßlose Genußsucht und niedrige Geldgier des
Angeklagten habe unermeßliches Leid über zwei angesehene und glückliche Familien gebracht. Der Angeklagte
habe es auf das Erbteil seiner Frau abgesehen gehabt und
deshalb seine Schwiegermutter kaltblütig erschossen. Im
Laufe der Hauptverhandlung hatte der Vorsitzende zuvor
einmal ausgerechnet, daß der Angeklagte Anspruch auf
etwa 70 000 Goldmark aus dem Erbe der Frau Molitor habe.
Der Staatsanwalt beantragte die Schuldigsprechung des
Angeklagten wegen Mordes. Der Verteidiger beantragte
demgegenüber den Freispruch Haus, da der künstlich auf-
gebaute Indizienbeweis wie ein Kartenhaus zusammengebrochen sei. Nach der Rechtsbelehrung durch den Vorsitzenden berieten die zwölf Geschworenen etwa eine Stunde
und sprachen dann Carl Hau des Mordes schuldig. Auf
Antrag des Staatsanwalts verurteilte das Gericht den Angeklagten zum Tode. Hau ließ sich keine Bewegung anmerken,
und in einem großen Teil der Presse stieß das Urteil auf
Bedenken. Die Wogen der Leidenschaften gingen hoch; von
einem Teil der Tagespresse wurde Olga Molitor so schwer
angegriffen, daß ihr nichts anderes blieb, als die Strafjustiz
um Schutz anzurufen. Die Gerichte griffen scharf durch, ein
Freiherr von Lindenau wurde wegen Beleidigung und versuchter Erpressung zu 3 Jahren, ein Berliner Redakteur
wegen Beleidigung zu 9 Monaten Gefängnis verurteilt. Ein
dritter Beleidigungsprozeß wurde in Karlsruhe durchgeführt; der Chefredakteur der „Badischen Presse" hatte nämlich in seiner Zeitung geschrieben, es habe sich jetzt der Verdacht verstärkt, daß Olga Molitor die Täterin sei. Ein anderer Redakteur hatte diese Meldung übernommen und Olga

Molitor des Meineids und der Tötung ihrer Mutter bezichtigt. In der folgenden Verhandlung wurde vom 7. bis 20. Mai 1908 der Fall Hau noch einmal aufgerollt. Das Verfahren gegen den einen Redakteur wurde eingestellt, nachdem dieser sich demütig und wehmütig entschuldigt und Olga Molitor ihren Strafantrag zurückgezogen hatte. Der Chefredakteur der „Badischen Presse" hingegen erhielt wegen Beleidigung nicht weniger als ein Jahr Gefängnis. In dieser langen Verhandlung hatte die Richtigkeit des Schwurgerichtsurteils gegen Hau trotz aller Bemühungen der Verteidigung nicht erschüttert werden können. Es hatte sich lediglich – wieder einmal – gezeigt, daß, wie Schopenhauer einmal gesagt hat, die Zeitungen nur die Sekundenzeiger der Geschichte sind und ihre Uhren nur „selten richtig" gehen.

Der Verteidiger Haus hatte inzwischen Revision eingelegt, die das Reichsgericht als unbegründet zurückwies. Einige Wochen später, am 1. Dezember 1907, wurde Hau vom Großherzog von Baden begnadigt, die Todesstrafe wurde in lebenslanges Zuchthaus umgewandelt, und Hau kam zur Strafverbüßung in das Zuchthaus Bruchsal. Zwölf volle Jahre seiner Strafe verbrachte er in Einzelhaft, ein Gesuch auf Wiederaufnahme seines Verfahrens hatte keinen Erfolg. Nach 17 Jahren, im Jahre 1924, wurde er auf Bewährung freigelassen. Er war jetzt 43 Jahre alt.

Olga Molitor hatte inzwischen einen anderen Namen angenommen und war in die Schweiz verzogen. Das Kind von Carl Hau und Lina Molitor war zunächst in eine Pflegefamilie gegeben und von dieser schließlich adoptiert worden. Die vorzeitige Entlassung Haus war an zwei Bedingungen geknüpft: erstens Olga Molitor nicht publizistisch anzugreifen und zweitens den Prozeß und die Haft nicht zum Gegenstand sensationeller Darstellungen zu machen. Über diese letzte Bedingung setzte sich Hau schnell hinweg und veröffentlichte 1925 im Ullstein-Verlag zwei Bücher über seine Erlebnisse, das erste unter dem Titel „Das Todesurteil – Die Geschichte meines Prozesses" und das zweite unter dem Titel „Lebenslänglich – Erlebtes und Erlittenes". Am

27. November 1925 wurde daher in Karlsruhe erneut Haftbe-
fehl gegen Hau erlassen. Als er davon erfuhr, floh er nach Italien und nahm sich dort Anfang 1926 das Leben. Die Kriminalisten Liebermann von Sonnenberg und Trettin schrieben
1934 dazu:

„Am Nachmittag des 4. Februar 1926 hörte ein Hirte, der
in der Campagna zwischen Rom und Tivoli seine weidenden
Schafe durch die Ruinen der Villa des Kaisers Hadrian hin-
durchtrieb, das Röcheln eines Menschen.

Mit einem rasch herbeigeholten Aufseher ging er den
Lauten nach, die aus der steinernen Umfassung eines Tem-
pels hervordrangen, den Hadrian einst dem Gott Serapis
geweiht hatte.

Aus einer etwa ein Meter über dem Steinboden liegenden schmalen Öffnung im Mauerwerk, gerade breit genug,
daß ein Mensch durch sie in die hinter ihr liegende, von der
doppelten Steinwand gebildete Höhlung schlüpfen konnte,
kam das Stöhnen.

In der Höhlung lag, wie in einem Steingrab, am Fuße der
inneren Mauern ein gutgekleideter Fremder bewußtlos am
Boden, den Mantel über den Kopf gezogen. Seiner schwer
atmenden Brust entwand sich das Röcheln des herannahen-
den Todes.

Kurz nach seiner Überführung in das Hospital starb der
Mann, ohne daß ihm das Bewußtsein zurückgekehrt wäre.

Seine goldene Uhr, 430 Lire und ein unbenutztes Rund-
reiseheft für Italien fanden sich in seinen Taschen, jedoch
kein Brief, kein Ausweispapier, das hätte sagen können, wer
der durch Gift geendete Selbstmörder wäre, der sich hier wie
ein weidwundes Tier vor Welt und Menschen verkrochen
hatte.

Aus seinen Wäschestücken waren die Monogramme
sorgfältig herausgetrennt.

Nur soviel konnte schon am nächsten Tag erhoben werden, daß der Tote zuletzt in Rom unter dem Namen Robert
Lee in einem Hotel gewohnt hatte. Im Schauhaus nahm die

römische Polizei Bild und Fingerabdrücke des Toten auf und sandte sie an die Erkennungsdienstzentrale der europäischen Hauptstädte. Unter der Identifizierungsformel dieser Fingerabdrücke lagerte in den Registraturen des Berliner Erkennungsdienstes ein Bogen mit den gleichen Abdrücken, denen des früheren Rechtsanwaltes Karl Hau.

Hau hat das gegen ihn ergangene Todesurteil nach neunzehn Jahren selbst an sich vollstreckt."

Der Fall Hau hat seitdem immer wieder die Phantasie der Menschen beschäftigt. Jakob Wassermann machte ihn unter dem Titel „Der Fall Maurizius" zum Gegenstand eines berühmten Romans. In dem Begleitbrief, mit dem Wassermann das Manuskript an den Ullstein-Verlag schickte, schrieb er:

„Es ist unser Fall, der hier verhandelt wird. Wir können schuldig oder unschuldig in die Maschen des Rechts geraten. Das Recht ist starr und verträgt keine dialektische Auslegung. Es ist nicht göttlich, sondern von Menschen geschaffen, die ihre Institutionen schützen wollen. Es erschlägt in einem Fall oder im anderen auch den Unschuldigen. Nur die Gerechtigkeit ist göttlich, aber wo reichen wir an sie heran…?"

Und er schloß:
„Ich habe den Roman geschrieben, obwohl ich mir von Hau-Maurizius ein klares Bild gemacht hatte, das mich von seiner Schuld überzeugte. Dieser Mann hat mit einer fast übermenschlichen Widerstandskraft an der Behauptung seiner Unschuld festgehalten, wie sie sonst nur ein wirklich Unschuldiger aufbringt. Aber da sind die Briefe an die Tochter, die ich bei Ihnen las. Sie weisen Töne, Mißtöne, auf, die den Schauspieler vernehmen lassen."

Der französische Regisseur Julien Duvivier erhob den Roman Wassermanns zur Vorlage eines Films, der Millionen von Menschen bewegt und erschüttert hat.

„Es wird erzählt, daß kurz nach der Premiere des Films in einem Genfer Kino eine weißhaarige Frau eine Eintrittskarte kaufte. Sie war immer noch sehr schön. Ihre Haare, die einst wie ein rötliches Flammenbündel im Gerichtssaal in Karlsruhe geleuchtet hatten, waren schneeweiß. Sie allein saß im dunklen Kino. Ihre Schultern bebten. Die Tränen strömten über ihr Gesicht. Olga Molitor weinte", schrieb ein späterer Berichterstatter.

Von allen am Prozeß beteiligten Personen haben sicher die beiden namhaften Psychiater, die mit der Beobachtung von Haus Geisteszustand beauftragt waren, den tiefsten Einblick in die Seele dieses seltsamen Menschen gewinnen können. Beide sind zu entgegengesetzten Ergebnissen gekommen. Professor Hoche, der Hau während sechs Wochen dauernder klinischer Beobachtung in Freiburg kennengelernt hatte – wie kaum jemand sonst –, schrieb in seinen Lebenserinnerungen, daß er über die Täterschaft Haus völlig gewiß gewesen sei. Das Motiv sei allerdings im Dunklen geblieben; „ein so kalter Rechner wie Hau hätte wegen einer so bescheidenen Erbschaft seine Schwiegermutter nicht unter so unklug gesteuerten Verhältnissen erschossen". Professor Aschaffenburg hat demgegenüber kurz vor der Urteilsverkündung brieflich erklärt, er sei vom ersten Tag ihrer Bekanntschaft an von der Unschuld des Angeklagten überzeugt gewesen.

Hans Habe zitiert die Meinung des amerikanischen Kriminalisten Joseph E. Mencken:

„Wir stehen hier wahrscheinlich einem klaren Fall von Schizophrenie gegenüber. Das außerordentliche Verhalten des Angeklagten während des Prozesses weist darauf hin, daß er sich mit dem Angeklagten, der er schließlich war, überhaupt nicht identifiziert hat. Selbst das Todesurteil scheint ihn nicht beeindruckt zu haben – nicht etwa, weil er dem Tod mutig oder resigniert ins Auge sah, sondern weil er überhaupt nicht wahrnahm, daß es sich um ihn handelte.

Das beweisen übrigens auch die beiden Bücher, die er nach seiner Begnadigung geschrieben hat – ‚Todesurteil' und ‚Lebenslänglich'. Das sind absolut erstaunliche Dokumente. In keinem der beiden Bücher gesteht Hau seine Schuld, aber in keinem der beiden unternimmt er den Versuch, den ‚Justizmord' als solchen aufzuzeigen. Kein noch so persönlich uninteressierter Reporter hätte so uninteressierte – und uninteressante – Bücher schreiben können.

Beweist das die Unschuld des Angeklagten?

Im Gegenteil. Ich bin überzeugt, daß das Bewußtsein Haus gespalten war – und zwar zur Zeit der Tat ebenso wie zur Zeit des Prozesses. Die Geschlechtskrankheit, die er sich in seiner Jugend zugezogen hatte – und die, in dieser Epoche der Heuchelei, von der Verteidigung bestritten wurde, statt daß die Verteidigung diese Tatsache unterstrichen hätte – konnte leicht zu einer Geisteskrankheit geführt haben. Natürlich hat Hau gewußt, daß er die Tat begangen hat, aber er hat sich mit ‚jenem', der sie begangen hat, nicht identifiziert. Übrigens weisen auch seine ‚Verkleidungskünste' auf eine schizophrene Veranlagung hin.

Carl Hau wäre ruhig unter den Galgen gegangen – er hätte geglaubt, daß ein anderer hingerichtet wird."

Aus heutiger kriminologischer Sicht ist zu der Ansicht Hoches zu vermerken, daß ein Mensch, der allgemein im Leben kühl und planmäßig vorgeht und genau kalkuliert, dennoch in einer besonderen Situation irrationale, falsche und unkluge Entschlüsse fassen und im Gegensatz zu seinem sonstigen Charakter durchführen kann. Sicher ist jedoch, daß an dem Fall Hau bis heute vieles dunkel und rätselhaft geblieben ist und daß sich ein sicheres Urteil über die Persönlichkeit von Carl Hau nicht fällen läßt. Die Wahrscheinlichkeit spricht dafür, daß Hau seine Schwiegermutter erschossen hat; in der Hauptverhandlung hat er vielleicht darauf spekuliert, durch beharrliches Verweigern der Aussage und Leugnen Zweifel bei den Geschworenen zu wecken und so zu einem Freispruch zu gelangen. Ob die bloße Wahrscheinlichkeit, daß Hau der Täter war, zu einem Schuldspruch ausreichte, ist eine Frage, die heute nicht mehr entschieden werden kann. Gegen Hau sprachen damals sein ausschweifendes Leben in der Jugend und seine falschen Telegramme. Bezüglich des Telegramms aus Paris wurde die Vermutung geäußert, Hau habe seine schwer herzkranke Schwiegermutter durch die Aufregung über die Erkrankung Olgas töten wollen. Staatsanwalt und Verteidiger waren ihren Aufgaben in der Hauptverhandlung nicht immer gewachsen, und die Geschworenen waren damit überfordert, nach einem langen und sehr heißen Tag nachts um 1 Uhr noch eine Entscheidung über Schuld oder Unschuld fällen zu müssen.

Auf jeden Fall bleibt der Prozeß gegen Carl Hau eines der großen Rätsel in der Geschichte des Verbrechens in Baden und Deutschland.

Der Vatermord im Schwarzwald

An einem Tag im Sommer 1935 ließ sich der Arbeiter Walter Schuh, der wegen mehrerer Diebstähle in Karlsruhe in Untersuchungshaft saß, dem für ihn zuständigen Staatsanwalt vorführen. Schuh gab an, sein Gewissen plage ihn, und deswegen wolle er ein Geheimnis offenbaren, obwohl er sein Ehrenwort gegeben und außerdem noch geschworen habe, auf ewig zu schweigen. Doch das Geheimnis habe ihn krank gemacht und ihn zum Verbrechen getrieben.

Vor vielen Jahren, vielleicht 1926 oder 1927 – so erzählte Walter Schuh –, habe ihm sein Arbeitskamerad Max Müller, der neben ihm in einer Karlsruher Fabrik arbeitete, in einer Pause anvertraut, er – Max Müller – trage das Geheimnis eines Mordes mit sich herum, das drücke ihn und erdrücke ihn, und er müsse es jemandem erzählen. Vor vier Jahren habe er in einem Schwarzwalddorf – zusammen mit seiner damaligen Verlobten Anna Lehmann und ihren zwei Brüdern, sowie einem Freund – den Vater der Familie, den 50jährigen Bahnarbeiter Bonifaz Lehmann, erwürgt und auf dem Heustock so aufgehängt, daß es wie ein Selbstmord ausgesehen habe. Niemand habe ein Verbrechen geargwöhnt, zumal der Vater gewalttätig und trunksüchtig gewesen sei und man ihm einen Selbstmord durchaus zugetraut habe.

Auf diese Enthüllung des Untersuchungshäftlings hin wurden sofort polizeiliche Ermittlungen eingeleitet, und die Beschuldigten, die noch in demselben Dorf wohnten, wurden vernommen. Max Müller leugnete zunächst; als dann aber seine Frau – die frühere Anna Lehmann – zusammenbrach und ein Geständnis ablegte, gestand auch Müller seine Teilnahme an dem Mord, ebenso wie Annas zwei Brüder und der Freund der Familie, Wilhelm Halk, wenn auch jeder der Beteiligten bestrebt war, seinen eigenen Tatbeitrag als möglichst geringfügig darzustellen und die Hauptschuld dem toten Bonifaz Lehmann und seiner Frau Maria als Anstifterin zum Mord zuzuschieben.

Im ganzen ergab sich das folgende Bild der Vorgänge des Jahres 1922: Vater Lehmann behandelte seine Frau Maria äußerst brutal, er schlug sie oft in roher Weise, und sie konnte ihm nichts recht machen. Er drohte sogar damit, sie eines Tages totzuschlagen. Weiter drohte er, das Haus anzuzünden. Zuletzt ließ er seine Frau nicht mehr in das eheliche Schlafzimmer, so daß sie im Dachstock in einer Kammer schlafen mußte. In den letzten Tagen seines Lebens hatte er stets eine Axt neben dem Bett stehen und einen Dolch unter dem Kissen liegen. Die ganze Familie lebte ständig in der Angst vor einem drohenden und großen Unglück.

Am meisten alarmiert hatte es die Familie, als der Vater die Mutter eines Tages wieder einmal mit Totschlagen bedroht, sie in die Wohnstube gezerrt, dort auf eine Bank geworfen, ihr mit einem Holzscheit auf den Kopf geschlagen hatte und ihr den Hals zudrücken wollte. Auf die Hilferufe der Mutter eilten die Kinder herbei, und als der Vater auch sie bedrohte, flüchteten sie mit der Mutter und brachten die Nacht größtenteils im Freien zu. Seit dieser Zeit nahm der Vater von der Mutter kein Essen mehr an. Aufgrund dieser und anderer ähnlicher Vorfälle wandte sich einer der Söhne schließlich an den Bürgermeister des Ortes und bat ihn, den Vater einmal vorzuladen und ihm wegen seines Verhaltens seiner Familie gegenüber ins Gewissen zu reden. Es sei mit dem Vater nicht mehr auszuhalten, sagte der Sohn, er bedrohe Frau und Kinder, rede vom Anzünden des Hauses und vom Töten der einzigen Kuh. Es wurde so unerträglich, daß die Mutter eines Tages eine Nachbarin fragte, ob sie mit ihren Kindern für ein paar Tage zu ihr ziehen dürfe. Die Nachbarin erklärte sich einverstanden, und der Vater blieb allein im Haus.

An einem der folgenden Abende beklagte sich die Mutter bitterlich bei ihren Kindern, ihrem zukünftigen Schwiegersohn und dem Freund der Familie. Wenn Polizei und Bürgermeister von den Zuständen wüßten und dennoch nichts täten, dann müsse man selbst Abhilfe schaffen, um seines Lebens wieder sicher zu sein.

Aus dem Kreis der Anwesenden wurde angeregt, dem Vater entweder eine anständige Tracht Prügel zu geben oder ihn in eine Anstalt zu verbringen. Die Mutter aber entgegnete hierauf, dies alles habe keinen Wert, denn hinterher werde alles noch viel schlimmer sein; am besten wäre es, den Vater ganz zu beseitigen. An diesem Abend verfolgte man die Pläne aber nicht weiter; als man am nächsten Abend wieder zusamensaß, wies die Mutter noch einmal eindringlich auf ihre verzweifelte Lage und die Notwendigkeit hin, selbst etwas gegen dieses schlimme Leben zu unternehmen. Es sei besser, wenn einer verrecke, als wenn vier umkämen. Sie schlug nun vor, sie wollten den Vater, wenn er am späten Abend vom Schichtdienst nach Hause komme, packen, ihm einen Strick über den Kopf werfen und ihn an einem Balken aufhängen. Das würde gar nicht auffallen, weil der Mann ja selbst schon wiederholt von Selbstmord gesprochen habe. Als die Mutter auf ihren Vorschlag nicht gleich eine zusagende Antwort erhielt, fügte sie noch hinzu, die Beteiligten bräuchten keine Angst zu haben, daß die Sache verraten werde, da sie ja ihre beiden Söhne dazu gäbe – die Tochter war ihr für ihre Beweisführung wohl nicht wichtig genug. Schließlich drohte die Mutter, daß, wenn niemand ihr helfe, sie sich selbst helfen werde – und sie griff nach einem Strick. Darufhin erklärten alle Anwesenden ihr Einverständnis und ihre Bereitschaft zur Tat. Die Mutter forderte nun ihre Kinder auf, mit ihr zu beten; wenn der Herrgott es so haben wolle, werde das Vorhaben gelingen, das sie alle aus ihrer Not erlösen werde.

Wie es geplant war, so geschah es. Als der Vater gegen Mitternacht nach Hause kam und die Türe aufschloß, wurde er überfallen und zu Boden gerissen. Ein Strick wurde ihm um den Hals gelegt, er wurde erdrosselt und dann aufgehängt.

Zwei Tage später meldete einer der Söhne seinen Vater beim Bürgermeister als offensichtlich vermißt. Bei soforti-

ger Nachschau im Haus fand man den Toten auf dem Heustock liegen, der Strick war gerissen. Der hinzugezogene Leichenschauer fand an dem Toten keinerlei sonstige Verletzungen, und man nahm deshalb an, er habe sich in einem Zustand von Geistesgestörtheit selbst erhängt. Von einer amtsärztlichen Leichenschau oder Leichenöffnung wurde aus demselben Grunde abgesehen. Der Tote wurde begraben, und die Familie bewahrte vier Jahre lang ihr Geheimnis, bis Max Müller, von Gewissensbissen getrieben, sein Schweigen nicht länger durchhalten konnte. Die Mutter, Maria Lehmann, war inzwischen gestorben.

Nach Abschluß der polizeilichen Ermittlungen klagte die Staatsanwaltschaft die zwei Söhne Lehmann, das Ehepaar Max und Anna Müller sowie den Freund Wilhelm Halk des gemeinschaftlich begangenen Mordes an, und nach einer sehr schwierigen Beweisaufnahme – da niemand den eigentlichen Mord begangen haben wollte – beantragte der Staatsanwalt in der Hauptverhandlung gegen alle fünf Angeklagten die Todesstrafe. Das Schwurgericht verurteilte den Schwiegersohn und den Freund wegen Mordes zum Tode, die drei Kinder des Getöteten erhielten wegen Beihilfe zum Mord Zuchthausstrafen von 6, 5 und 4 Jahren.

Gegen dieses Urteil legten die zwei zum Tode Verurteilten und die Staatsanwaltschaft Revision ein, die Staatsanwaltschaft mit dem Ziel, gegen die drei wegen Beihilfe Verurteilten die Todesstrafe wegen Mittäterschaft zu erreichen.

Das Reichsgericht verwarf die Revision der zwei zum Tode Verurteilten und hob im übrigen das Urteil des Schwurgerichts auf. In einer neuen Hauptverhandlung wurden die zwei Brüder zu 8 und 6 Jahren Zuchthaus verurteilt, während es bei der Tochter bei den 4 Jahren Zuchthaus blieb.

Die Verteidiger der zum Tode Verurteilten Max Müller und Wilhelm Halk hatten inzwischen Gnadengesuche eingereicht, die von vielen Seiten, insbesondere von Arbeitgebern und Arbeitskameraden, unterstützt wurden. Gleichzeitig ließ die Staatsanwaltschaft aber auch schon erste Vorbereitungen zur Hinrichtung treffen. Zwei unmittelbar vor dem Staatsexamen stehende Mediziner stellten den Antrag, ihnen als wissenschaftlich interessierten Zuschauern den Zutritt zur Hinrichtung zu gestatten, weil, so gaben sie an, ein Arzt soviel mit dem Tod zu tun habe.

Im Dezember 1936 wurden – völlig überraschend – durch Erlaß des Führers und Reichskanzlers Adolf Hitler die zwei Todesstrafen in Zuchthausstrafen von je 10 Jahren umgewandelt, alle fünf Zuchthausstrafen wurden zudem mit sofortiger Wirkung zur Bewährung ausgesetzt, und die Freilassung der fünf Verurteilten wurde angeordnet. Als Max Müller der Gnadenerweis eröffnet wurde, konnte er es kaum glauben, und er bat, man möge ihn noch bis zum nächsten Morgen im Zuchthaus lassen, denn er müsse diese Nachricht erst einmal verkraften und sich seine Zukunft überlegen.

Den zum Tode Verurteilten waren durch das Urteil auch die bürgerlichen Ehrenrechte auf Lebenszeit aberkannt; sie waren aus diesem Grunde wehrunwürdig und brauchten im Zweiten Weltkrieg nicht Soldat zu werden.

Die eigentlichen Gründe für diese plötzliche und ganz ungewohnt großzügige Begnadigung wurden nie bekannt. Vielleicht hatte man im Reichsjustizministerium bei der Stellungnahme zu den Gnadengesuchen an die ungewöhnlichen Umstände der Aufklärung des Verbrechens, an die turbulenten Jahre nach dem Ersten Weltkrieg und an das tyrannische Verhalten des Ermordeten gedacht. Eine Schweizer kommunistische Zeitung wunderte sich denn auch über diese Milde gegenüber Leuten, die ein Menschenleben auf dem Gewissen hatten, und vermutete, daß es sich wahrscheinlich bei den Verurteilten um alte Kämpfer der NSDAP handele. Einen Beweis für diese Behauptung gab es jedoch nicht.

Das Schwurgericht hatte es bei der Strafzumessung als besonders erschwerend gewertet, daß das Verhalten der Angeklagten einen moralischen Tiefstand und eine kaum glaubliche Gefühlskälte gezeigt habe und daß es sich bei dem Opfer um den eigenen Vater gehandelt hatte und damit ein seit Urzeiten als besonders strafwürdig angesehenes Verbrechen vorlag. Es ist richtig, daß der Vater in der Geschichte immer eine besondere Stellung in der Familie und in der weiteren Gemeinschaft gehabt hat. Oft war er gleichzeitig Oberhaupt der Sippe oder des Stammes, und man spricht ja heute noch vom Landesvater; von daher stammt auch die innere Verbindung zwischen Vatermord, politischem Mord und Hochverrat. Viele Rechtsordnungen spiegelten diese Stellung des Vaters wider, so war zum Beispiel im Strafrecht der chinesischen Tang-Dynastie die hierarchische Ordnung der Familie besonders geschützt. Wenn ein Kind seinen Eltern oder Großeltern gegenüber ungehorsam war und die Eltern daraufhin dieses Kind töteten, so wurden sie mit nicht mehr als einem Jahr Gefängnis bestraft, für die sonst vorsätzliche Tötung von Kindern durch die Eltern lag die Strafe unter 2 Jahren Gefängnis, fahrlässige Tötung wurde überhaupt nicht bestraft. Wenn indessen umgekehrt ein Kind seine Eltern oder Großeltern beschimpfte, konnte es zum Tode verurteilt werden. Die fahrlässige Tötung der Eltern wurde mit Verbannung an einen Ort in der Entfernung von 3000 Meilen bestraft. Im japanischen alten Recht gehörte wie in China der Elternmord zu den Verbrechen, „welche wegen ihrer enormen Höhe, ihrer Naturwidrigkeit und Entsetzlichkeit besonders schwere Behandlung verdienen". Bis vor dem Zweiten Weltkrieg wurde die Aszendententötung in Japan als die unverzeihlichste kriminelle Handlung angesehen, und es wurde fast immer ein Todesurteil verhängt, strafmildernde Umstände wurden nicht berücksichtigt. Nach dem Zweiten Weltkrieg sind die japanischen Gerichte indessen milder geworden.

Im alten römischen Reich beinhaltete die „patria potestas" die nahezu unbeschränkte Gewalt des Hausvaters über seine ehelichen Abkömmlinge und die Ehefrau und dauerte so lange, wie der Hausvater lebte. Sie endete also weder mit der Volljährigkeit des Kindes noch mit dessen Verheiratung. Ein Kind, das seinen Pflichten nicht nachkam, konnte getötet oder auch ausgesetzt, verkauft, verstoßen, verheiratet oder geschieden werden. Für Griechen wie Römer war der Vatermord das überhaupt denkbar schwerste Verbrechen. Im alten Rom wurde der Vatermörder mit einer Schlange, einem Hund, einem Hahn und einem Affen zusammen in einen Sack gesteckt und ertränkt. Deutschland übernahm im Mittelalter manche römische Strafarten, aber hier machte die Beschaffung eines Affen Schwierigkeiten, weshalb man ihn durch Hasen oder Katzen ersetzte. Im Rom des Barockzeitalters wurde 1599 Beatrice Cenci, deren Schicksal bis heute Historiker und Dichter beschäftigt, zusammen mit ihrer Stiefmutter und einem ihrer Brüder hingerichtet. Ein anderer Bruder wurde unter der Bedingung begnadigt, daß er der Hinrichtung beiwohnen müsse. Alle zusammen hatten ihren tyrannischen Ehemann und Vater ermordet. Papst Klemens VIII. war wohl zunächst geneigt, alle Verurteilten zu begnadigen, da aber gerade in diesen entscheidenden Tagen zwei ähnliche Vatermorde verübt worden waren und ein Angehöriger der römischen Hocharistokratie seine Mutter ermordet hatte, um an sein Erbe zu kommen, wurden die Todesurteile vollstreckt.

Nicht zuletzt wegen der traditionsmäßig starken Stellung des Vaters gab es immer schon Konflikte zwischen Vätern und Söhnen und zwischen den verschiedenen Generationen. Ein altes japanisches Sprichwort nennt als die vier Schrecken der Welt: das Erdbeben, das Feuer, die Überschwemmung und den Vater. In primitiven Gesellschaften mußte der Sohn das Recht auf die Nachfolge seines Vaters als König durch dessen Ermordung erwerben. Allgemein bestand bei Eingeborenen der Nordwestküste der USA das ehrenvollste Mittel zum Erwerb von Privilegien darin, den Besitzer dieser Privilegien, das heißt oftmals den Vater, zu töten. Weiter wurden in primitiven Gesellschaften, insbesondere bei Nomaden, Väter und allgemein ältere Menschen nicht selten aus der Gemeinschaft ausgegliedert. Bei afrikanischen Stämmen und in Neu-Guinea war es die Pflicht der Söhne, ihre Eltern totzuschlagen, um ihnen das Elend des

Alters zu ersparen. Bei einzelnen Eingeborenenstämmen in Australien war es aus dem gleichen Grunde üblich, die Generation der Großeltern zu töten. Bei den Eskimos fand man früher den Brauch, zu gegebener Zeit alte Menschen auf eine Eisscholle zu setzen, sie mit Lebensmitteln zu versehen und dann dem sicheren Tode auszuliefern. Im alten Rom glaubte man in grauer Vorzeit, daß die von der Tiber-Brücke gestürzten 60jährigen nicht sterben würden, sondern in eine bessere Welt eingingen, in der sie die Bürde der Gebrechlichkeit nicht drückte.

Heute wird die Ausgliederung der Alten gewiß in zivilisierterer Form vorgenommen; in der Wochenzeitung „Die Zeit" vom 6. April 1984 hieß es unter dem Titel „Mit 50 Jahren: Gnad' Dir Gott? Die Wegwerfgesellschaft schließt die Alten aus": „Die böse Frage drängt sich auf: bewegen wir uns etwa auf das nomadische Modell hin – mit dem einen Unterschied, daß wir das bürokratische Fallbeil der Ruhestandsregelung an die Stelle von Gift und Dolch und abdriftenden Eisschollen setzen?"

Da die Menschen unbeschränkte Macht erfahrungsgemäß nur schwer vertragen, sind auch Väter, wie oben gezeigt wurde, nicht selten der Versuchung erlegen, zum Tyrannen zu werden und Familienangehörige so zu bedrücken und zu reizen, daß diese dann den Vater töteten. Bei Paul Anselm Feuerbach, der als Gerichtspräsident in Ansbach Anfang des letzten Jahrhunderts eine Anzahl „merkwürdiger Verbrechen" aufgezeichnet hat, heißt es in der Schilderung eines Vatermordes über den Vater: „Er selbst war der sträfliche Ursacher alles dessen, was an ihm begangen wurde, und in sittlicher Beziehung hat er selbst die schwere Schuld des an ihm verübten Mordes mitzuverantworten. Was an ihm geschehen, erscheint sogar nur wie eine Handlung der vergeltenden Gerechtigkeit. Er, der als Sohn seinen eigenen greisen Vater mißhandelt, geschlagen, bei den Füßen umhergeschleift, fällt nun selbst unter der Hand eines Lohnmörders, den seine eigenen Kinder ihm gedungen haben."

Diese Zeilen beziehen sich auf den Mord an dem Müller auf der Schwarzmühle im Sittental in der Schweiz. 1817 verschwand der Müllermeister Friedrich Kleinschrot; die Ermittlungen blieben zunächst ohne Ergebnis, erst 1821 fand man die vergrabene Leiche, und die Ehefrau, zwei erwachsene Söhne und zwei erwachsene Töchter wurden festgenommen. Der Vater wurde von Feuerbach als robuster Bösewicht geschildert. „Jede seiner bösen Launen ging in Zornwut auf, welche nicht bloß in Schimpfworten, sondern fast immer in Tätlichkeiten und Mißhandlungen sich äußerte und nicht selten, alle Grenzen hausväterlicher Rechte überschreitend, im wahren Verbrechen austobte." Schließlich heuerte die verzweifelte Familie einen Tagelöhner an, der den Vater tötete.

In der Bundesrepublik sind einige ähnliche Fälle bekannt geworden. An einem Morgen im Januar 1965 rief die Ehefrau Meier bei der Polizei an und teilte mit, ihr 13 Jahre alter Sohn Manfred habe soeben in der elterlichen Wohnung seinen Vater getötet. Als der Vater gegen 6 Uhr eingeschlafen war, hatte der Sohn aus dem Kleiderschrank einen Trommelrevolver genommen und aus der Küche ein Brotmesser geholt. Er vergewisserte sich, daß der Vater wirklich schlief und schoß ihm dann zweimal in den Kopf und stach noch siebenmal mit dem Messer auf ihn ein. Darauf ging er zu seiner Mutter, um ihr die Tat zu gestehen. Der 1920 geborene Vater war auf mehreren Schachtanlagen im Ruhrgebiet als Bergmann beschäftigt gewesen und hatte häufig seinen Arbeitsplatz gewechselt. Seit 1956 sprach er dem Alkohol übermäßig zu, und die bis dahin harmonisch verlaufene Ehe zerbrach an seiner Trunksucht. Er tyrannisierte seine Frau und seine sechs Kinder, er war jähzornig, egoistisch, launisch und triebhaft. Die Mutter, die mit 17 Jahren geheiratet hatte, war der ruhende Pol in der Familie und versuchte, an den Kindern gut zu machen, was der Vater verdarb. Am Abend vor seiner Tat war der Sohn Zeuge gewesen, wie der Vater die Mutter unflätig beschimpft und sie eine Hure genannt hatte, in dieser Situation hatte der Junge den Entschluß gefaßt, „bevor der Papa die Mama umbringt, dann lieber er". Nach der Tat sagte er zu seiner Mutter: „Ich konnte das nicht mehr länger mit ansehen, Du hättest das kein Jahr mehr ausgehalten, sonst wärst Du draufgegangen."

Kriminologen, insbesondere amerikanische Soziologen, haben die Theorie vom Kulturkonflikt entwickelt, die besagt, daß sich zwischen den allgemein in einem Land geltenden strafrechtlichen Normen und Wertbegriffen und den Normen von Minderheiten innerhalb dieses Landes Spannungen ergeben können. Es kann vorkommen, daß sich ein Mensch im Widerstreit zwischen verschiedenen Pflichten sieht, und er weiß dann unter Umständen aus diesem Konflikt keinen anderen Ausweg, als straffällig zu werden und sogar zu töten. Ein Beispiel hierfür ist der Fall der 19jährigen Türkin Serife, die im März 1981 in Frankfurt ihren Vater erschoß, der in einem Spielsalon als Geldwechsler arbeitete. Ein Psychiater urteilte später über die Täterin: Die Schüsse sollten nicht nur den Exponenten der türkischen Familienhierarchie, den Vater, treffen, in ihrer Phantasie habe die junge Frau auch ihr eigenes Türkischsein, ihre Bindung an die von ihr gehaßte Identität erschießen wollen. Die Schüsse sollten alles lösen, mit einem einzigen Akt sollten alle Verbindungen zerrissen werden. Die Täterin stammte aus einem Dorf von etwa 500 Einwohnern in Anatolien, in dem es bisher noch nicht einmal elektrisches Licht gab. Zehn Jahre zuvor war sie mit zwei Geschwistern und ihrer Mutter, die nicht lesen und nicht schreiben konnte, in die Bundesrepublik gekommen. Nachdem die Tochter zunächst große Schwierigkeiten in der deutschen Schule hatte, lebte sie sich dann jedoch schnell ein, fand Anerkennung und deutsche Freundinnen, sprach bald besser Deutsch als Türkisch und hatte eine Beziehung mit einem verheirateten Deutschen. In ihrer Familie jedoch blieb der Vater der absolute Herrscher und schlug Frau und Kinder, wie es ihm beliebte. Gelegentlich mußten die Kinder antreten, um zuzusehen, wie die Mutter geschlagen wurde. Der Vater war schon einige Zeit vor seiner Familie in die Bundesrepublik gekommen, und als sich schließlich die Familienzusammenführung nicht mehr vermeiden ließ, schickte er seine Frau in Frankfurt in die Fabrik ans Fließband und ließ sie, die Analphabetin, ein Schreiben unterzeichnen, in dem sie die Einwilligung zur Ehescheidung gab. Der Vater heiratete eine andere Frau, kehrte aber immer wieder zu seiner alten Familie zurück, verprügelte sie und nahm ihr das erarbeitete Geld ab. Die Tochter Serife wollte er unbedingt mit einem Türken verheiraten. Aus diesem sich zuspitzenden Konflikt wußte die Tochter keinen anderen Ausweg mehr, als den Vater zu töten. Die Täterin wurde zu 4 Jahren Jugendstrafe verurteilt.

Auch in der sogenannten Schönen Literatur finden sich Beispiele eines Vatermordes, so wird in Dostojewskis Roman „Die Brüder Karamasoff" ein trunksüchtiger und von allen verachteter Gutsbesitzer, Fjodor Pawlowitsch, getötet. Er hat drei Söhne aus zwei Ehen und einen epileptischen, gedemütigten und hinterhältigen unehelichen Sohn. Der Sohn aus erster Ehe, unbändig in seinen Emotionen und unbeherrscht, wird verdächtigt, den Vater ermordet zu haben, zumal er schon einmal die Drohung ausgestoßen hat, er wolle dies tun. Schließlich erfährt man, daß der uneheliche Sohn der Täter war; es ist beklemmend zu lesen, wie Dostojewski die drei anderen Söhne sich schuldig fühlen läßt, obwohl sie selbst nicht die Täter waren, sondern den Mord eventuell nur gewünscht und hingenommen, aber nicht verhindert hatten.

Die Angst vor dem Alleinsein

Otto Haltermann war, wie ein Psychiater es ausdrückte, kein Asozialer, sondern ein „verhinderter Sozialer", der nie auf die Sonnenseite des Lebens gelangt war. Er wurde 1906 in Freiburg geboren, wo er viele Jahre später auch seine Tat beging. Seine Jugendjahre verbrachte er, wie auch einige seiner Geschwister, bei Pflegeeltern und in Heimen. Der Vater war ein Trinker und betrieb zeitweise ein eigenes Geschäft in Mülhausen im Elsaß und wurde nach dem Ersten Weltkrieg als Deutscher aus dem Elsaß ausgewiesen. Er siedelte nach Baden über und starb 1930 in einer Kreispflegeanstalt. Die Mutter lebte bis 1944. Bis zu seinem neunten Lebensjahr lebte Otto bei einem Landwirt und Maurermeister in einem badischen Dorf in Pflege. Die nächsten Jahre verbrachte er in einem Waisenhaus und bei seinen Eltern in Mülhausen und Baden. Seine Leistungen in der Volksschule waren schwach, insbesondere auch, weil er an einem Sprachfehler litt, er stotterte. Eine Schneiderlehre schloß er mit der Gesellenprüfung ab, konnte aber diesen Beruf schon nach kurzer Zeit nicht mehr ausüben, weil ihm wegen einer Blutvergiftung ein Teil des rechten Daumens abgenommen werden mußte. In der Folge war Otto häufig arbeitslos; 1927 ging er auf Wanderschaft, die ihn bis nach Norddeutschland führte. 1931 verheiratete er sich, und in der Ehe wurden bis 1944 sechs Kinder geboren. Von 1935 bis 1939 arbeitete er als Straßenkehrer, wurde dann zur Wehrmacht eingezogen und nach einem Unfall 1941 wieder entlassen. Zehn Jahre lang arbeitete er nun bei der Eisenbahn und wurde auch hier, weil er einen Kollegen geschlagen hatte, der ihn wegen seines Sprachfehlers hänselte, entlassen. Später war er als Hilfsarbeiter tätig, zeitweise war er aber auch arbeitslos. Als seine Ehe 1952 aus beiderseitigem Verschulden geschieden wurde, lernte er die 16 Jahre jüngere und siebenmal vorbestrafte Maria kennen, die er bald darauf heiratete. Aus dieser Ehe gingen drei Kinder hervor; nach seiner späteren Verurteilung wurde auch diese Ehe geschieden.

Zunächst war diese Ehe jedoch glücklich, bis die Familie ihre Wohnung räumen und mit den Kindern in ein Obdachlosenheim ziehen mußte, wo sie nur getrennt untergebracht werden konnte. Die Ehefrau begann schon bald, Beziehungen zu anderen Männern aufzunehmen und vernachlässigte Kinder und Haushalt. Otto kam gelegentlich betrunken nach Hause, und zwischen den Eheleuten kam es immer häufiger zu lautstarken Auseinandersetzungen.

1958 lernte Maria einen zehn Jahre jüngeren Hilfsarbeiter, Max, kennen. Durch diese Beziehung fühlte sie sich veranlaßt, die Einweisung ihres Ehemannes in eine Nervenklinik zu einer Trinkerentziehungskur durchzusetzen, damit sie ihr Verhältnis ohne Einschränkung genießen konnte. Otto machte nach seiner Entlassung seiner Frau bittere Vorwürfe, sie aber erklärte, von ihrem neuen Freund nicht mehr lassen zu wollen, und sie verlangte von ihrem Mann, entweder in die Scheidung einzuwilligen oder ihren Freund im Haushalt zu dulden. Das konnte Otto nicht, und so schnitt er sich in einem Anfall von Schwermut die Pulsadern der linken Hand auf. Er wurde in eine Klinik eingewiesen, wo ihn seine Frau jede Woche besuchte und ihm auch Geschenke mitbrachte. Auch versprach sie, ihm in Zukunft eine gute Ehefrau zu sein. Diese Aussöhnung war jedoch nur von kurzer Dauer, denn Maria nahm die Beziehungen zu ihrem Geliebten wieder auf. Otto, voller Eifersucht, schlich den beiden öfters nach, aber auch Max, der Freund, war eifersüchtig, schlug Maria brutal und brach ihr das Nasenbein, worauf sie sich wieder Otto zuwandte, der ihr alles verzieh. Sie besuchten gemeinsam den Film „Die Wahrheit über Rosemarie", die Geschichte einer in jenen Jahren bekannten Frankfurter Prostituierten, die ermordet worden war. Bei dieser Gelegenheit machte Otto seiner Frau die alten, berechtigten Vorwürfe wegen ihres Lebenswandels, gab ihr aber gleichwohl 50 Mark von seinem Arbeitslohn. Als er seine Frau am folgenden Tag nach Arbeitsschluß abholen wollte, sah er, daß Max zu demselben Zweck an einer anderen Straßenecke auf sie wartete. Otto beobachtete, daß seine Frau den anderen zärtlich begrüßte und die beiden sich entfernten, wobei sie mehrfach stehen blieben und sich küßten. Da faßte Otto plötzlich den Entschluß, diesem Dreiecksverhältnis ein Ende zu machen; wenn er seine Frau schon nicht behalten könne, dann solle sie der andere auch nicht haben, und so holte er sein Taschenmesser aus der Tasche, sprang auf seine Frau zu und stach mehrmals blindlings auf sie ein, bevor er in eine nahegelegene katholische Kirche floh, wo er sein blutiges Messer in einem Weihwasserkessel reinigte. In einer Wirtschaft trank er einen halben Liter Wein und konnte schon kurze Zeit später verhaftet werden. Maria wurde in eine Klinik gebracht und durch eine sofort vorgenommene Operation gerettet.

In der Hauptverhandlung vor dem Schwurgericht bestätigte Otto, daß er seine Tat mit dem Gedanken „sie oder ich" ausgeführt hatte, er sei im übrigen verärgert gewesen, weil seine Frau von ihm Geld verlangt habe, aber anderen Männern, wie er sich ausdrückte, „Küßchen gab". Der psychiatrische Sachverständige meinte, Otto habe als alternder Mann in seinem Leben viele Enttäuschungen hinnehmen müssen, habe seiner Frau gleichwohl immer wieder ihre Fehltritte verziehen, weil er Angst vor dem endgültigen Alleinsein gehabt habe. Maria machte in der Hauptverhandlung von ihrem Zeugnisverweigerungsrecht Gebrauch. Sie hatte Otto während seiner Untersuchungshaft einen Versöhnungsbrief geschrieben, hatte aber inzwischen ein von Max stammendes Kind zur Welt gebracht.

Es ist sicher nicht häufig, daß ein Staatsanwalt sich zu Beginn seines Plädoyers mit Wärme für den Angeklagten einsetzt und ihn als Zaungast der menschlichen Gesellschaft bezeichnet, wie es in diesem Fall geschah. „Er lebte nicht mit, sondern neben uns…, eine pflichtvergessene, liederliche und gewissenlose Frau hat erschreckend und schamlos an ihm gefrevelt", sagte er. Der Verteidiger fügte hinzu: „Sie werden nicht so bald wieder den Fall erleben, daß der Ankläger fast ausschließlich mildernde Umstände zusammenträgt und das Mitleid aller Beteiligten dem Angeklagten und nicht seinem Opfer gilt."

Ottos Tat wurde rechtlich als versuchter Totschlag gewürdigt, wobei ihm eine verminderte Zurechnungsfähigkeit und mildernde Umstände im Sinne des § 213 StGB zugebilligt wurden; nach diesem Paragraphen liegt dann ein minder schwerer Fall des Totschlags vor, wenn der Täter ohne eigene Schuld von dem Getöteten zum Zorn gereizt und hierdurch auf der Stelle zu seiner Tat hingerissen wird. Das Schwurgericht verurteilte Otto infolgedessen zu einer Gefängnisstrafe von einem Jahr und neun Monaten. Nach seiner bedingten Entlassung wurde er schon zwei Wochen später in Bonn wegen Landstreicherei festgenommen und starb 1962 nach einem Betriebsunfall. Maria aber heiratete Max.

§ 213 StGB wurde von Gerichten auch in anderen Fällen angewendet, in denen Provokation und Überraschung des Täters noch stärker waren als im Fall Ottos.

Als der 25jährige Zollassistent A. 1956 in einem badischen Ort an der Schweizer Grenze am Morgen erwachte, stellte er mit Erschrecken fest, daß das Bett neben ihm leer war. Er machte sich Sorgen, weil es das erste Mal war, daß seine Frau überhaupt nicht nach Hause gekommen war. Zuletzt hatte er sie in der Nacht zuvor im Spielkasino gesehen, wo sie mit einem Croupier, ihrem Chef, zusammengesessen hatte. Wie schon einige Male zuvor hatte er auch diesmal nicht den Mut gefunden, den Croupier nach seinen Beziehungen zu seiner Frau zu fragen. Vorgesetzte hatten ihn schon gewarnt, es sei nicht normal, daß ein Chef seine Angestellte, die als Putzfrau eingestellt worden war, mehrere Male zum Essen und zu Ausflügen eingeladen hatte.

A. hatte seine Frau zweieinhalb Jahre zuvor geheiratet, als sie ein Kind von ihm erwartete. Im Sommer 1956 kam A. durch die wachsenden Ansprüche seiner Frau und eine Krankheit seines inzwischen geborenen zweiten Kindes in finanzielle Nöte. Er stimmte daher zu, als seine Frau ihm vorschlug, sie wolle im Spielkasino eine Stelle annehmen, wo sie ein schönes Geld verdienen könne. A. war damit einverstanden, daß seine Frau sich im Kasino als ledig bezeichnete und ihren Mädchennamen führte. Er ging sogar so weit, sich im Kasino nach einer Beschäftigung für seine „Schwester" zu erkundigen. Die finanzielle Lage der Familie besserte sich, aber obwohl A. alles tat, um die Wünsche seiner Frau nach Kleidung und Schmuck zu erfüllen, war diese doch nie zufrieden.

Als die Frau im Laufe des Vormittags noch immer nicht nach Hause gekommen war, fuhr A. zum Hause des Croupiers und suchte dessen Wohnung. In einem Zimmer hörte er Lachen und Kichern und klopfte an die Türe. Als diese geöffnet wurde, stand der Croupier mit nacktem Oberkörper in der Tür; er war nur mit einer Hose bekleidet, die er mit der Hand zusammenhielt. A. fragte ihn, ob er wisse, wo seine Frau sei. Die Antwort kam mit höhnischem Lächeln im Berliner Dialekt „Da liecht se". A. trat einen Schritt vor und sah seine Frau nackt im Bett liegen. Einige Sekunden lang blickte er fassungslos um sich, dann bemerkte er wieder den Croupier, der noch immer mit einem spöttischen Lächeln zu ihm hinsah. A. zog seine Dienstwaffe und tötete den Croupier mit drei Schüssen und seine Frau mit zwei Schüssen. Dann ließ er sich widerstandslos festnehmen. Er bereute seine Tat von Anfang an auf das Tiefste und war in der Hauptverhandlung geständig. Er behauptete, sich an die Abgabe der Schüsse nicht mehr erinnern zu können. Das Gericht in Freiburg billigte ihm verminderte Zurechnungsfähigkeit und § 213 StGB zu und verurteilte ihn zu einer Gefängnisstrafe von zweieinhalb Jahren. In der Presse wurde dieses Urteil als streng bezeichnet.

Der Tötung im Fall B. lag ein ähnliches Motiv zugrunde. Der 43jährige Kriminaloberkommissar B. war seit 1964 mit der um zehn Jahre jüngeren Helga verheiratet. Seit 1978 veränderte sich die Frau, sie wurde hier und da aggressiv und auch depressiv. Da der Mann häufig auf Dienstreisen war,

war seine Frau viel allein und gewöhnte sich an Medikamentenmißbrauch. Nach einer Rückkehr kamen B. plötzlich Zweifel an der ehelichen Treue seiner Frau, und es kam zu schweren Auseinandersetzungen, bei denen seine Frau alle Vorwürfe abstritt. Aber B. glaubte ihr nicht und schlug sie, wobei er unter Alkoholeinfluß stand. Vor einer weiteren Dienstreise gab es erneut Auseinandersetzungen, bei denen Helga plötzlich eröffnete, sie habe einen anderen Mann kennen- und liebengelernt, und sie fügte aggressiv hinzu: „Wenn Du auf Dienstreise bist, wird er herkommen." Für den Mann brach in diesem Augenblick eine Welt zusammen, er zog seine Dienstwaffe und schoß 14mal auf seine Frau, wobei er noch einmal nachlud, was man ihm später zur Last legte. Dann rief er die Polizei an.

In seinem Schlußwort in der Hauptverhandlung sagte B.: „Ich habe keine Erklärung, wie dies geschehen konnte. Ich habe das Liebste zerstört, was ich besaß. Ich bereue die Tat."

B. wurde 1981 unter Zubilligung der §§ 21 und 213 StGB wegen Totschlags zu 5 Jahren Freiheitsstrafe verurteilt. Es wurde nie geklärt, ob die Ehefrau tatsächlich einen Freund gehabt hatte oder ob sie dies nur gesagt hatte, um ihren Mann zu kränken und zu provozieren oder um sich für seine Vorwürfe zu rächen.

Der Fall A. war der klassische Fall der Tötung der Ehebrecherin; A. hat viele Vorfahren seiner Tat; in keinem der germanischen Rechte war es in Frage gestellt, daß der Ehemann seine Frau im Falle des Ehebruchs töten durfte. Im Friesischen Recht war es nicht einmal notwendig, daß die Frau beim Ehebruch ertappt wurde, der Mann durfte auch aus anderen Beweisen auf einen Ehebruch schließen. Im Recht der Langobarden konnte zwischen Vergehen und Strafe eine Nacht verrinnen, so daß der Ehemann genügend Zeit hatte, sich eine besonders grausame Bestrafung auszudenken. Auch der Mann, der mit der fremden Frau die Ehe gebrochen hatte, durfte, auf frischer Tat ertappt, getötet werden. Die Gesetzbücher der Westgoten und Burgunder sicherten dem rächenden Ehemann nur dann Straflosigkeit zu, wenn er beide Schuldige tötete. Im Mittelalter erhielt sich die Strafgewalt des Ehemannes gegenüber seiner ehebrecherischen Frau in scharfer Ausprägung bei den Friesen. In Freiburg im Breisgau wurde nach der Constitutio Criminalis Theresiana der Ehebruch mit dem Tode bestraft; im neueren Stadtrecht hieß es: „Wenn der Ehemann seine Ehefrau auf frischer Tat ertappt und den Ehebrecher auf der Stelle erschlägt, so soll er sich keines Totschlags schuldig gemacht haben. Erschlägt er aber seine Frau, so wird er bestraft."

Das Recht der ersten Einwanderer in Massachusetts, der Puritaner, leitete sich direkt aus dem Alten Testament ab, zum Beispiel aus 5. Mose 22, 22. Auf Ehebruch stand daher die Todesstrafe. Noch fast 200 Jahre später findet sich eine Gerichtsentscheidung, wonach der Mann, der den Ehebrecher mit seiner Frau tötete, nicht wegen Totschlags bestraft wurde, sondern nur ein Brandzeichen in die Hand erhielt, wobei der Richter den Henker ausdrücklich anwies, beim Einbrennen dieses Zeichens sehr sachte vorzugehen, weil es keine größere Provokation für einen Ehemann gebe als den Ehebruch seiner Frau.

Der Fall Numan Gürün

Numan Gürün ist Türke, er wurde im Januar 1943 in einem Dorf in der Nähe von Ankara geboren. Als er 6 Jahre alt war, wurde die Ehe seiner Eltern geschieden; die Volksschule mußte er trotz befriedigender Leistungen schon nach vier Jahren verlassen, weil er aus wirtschaftlichen Gründen zum Lebensunterhalt seiner Familie beitragen mußte. Er lebte mit Geschwistern im Haushalt seiner Mutter und arbeitete als Gehilfe in einem Schreinerbetrieb in Ankara. Eine richtige Lehre und einen der Gesellenprüfung entsprechenden Abschluß konnte er seiner unzureichenden Schulbildung wegen nicht machen. Nach Ableistung seines zweijährigen Militärdienstes war er arbeitslos und kam im Oktober 1966 als Gastarbeiter in die Bundesrepublik. Zunächst arbeitete er zwei Jahre lang in Möbelfabriken, kam aber mit dieser Tätigkeit wegen seiner schlechten deutschen Sprachkenntnisse nicht zurecht. Er wechselte mehrfach die Arbeitsplätze und war schließlich in einer Kleinstadt in Baden in einer Eisengießerei tätig, wo er bei sehr anstrengender Arbeit monatlich bis zu 2200 Mark netto verdiente.

Anfang 1969 lernte er bei türkischen Bekannten die junge, 1944 geborene Seniha kennen. Nach türkischer Sitte warb er um sie durch einen Freund, der als Brautwerber auftrat, und machte ihr durch weitere Vermittlung eines befreundeten Ehepaares einen Heiratsantrag. Seine Braut lebte als Gastarbeiterin seit 1965 in der Bundesrepublik und nahm seinen Antrag an. Wegen der in ihrer Heimat herrschenden Moralvorstellungen konnten sich die Brautleute während der Verlobungszeit kaum näher sehen und kennenlernen. Im März 1969 heirateten sie vor dem türkischen Konsulat in Stuttgart und bekamen 1970 und 1971 eine Tochter und einen Sohn.

Schon bald zeigte sich, daß die jungen Eheleute nicht miteinander harmonierten und von Anfang an unglücklich miteinander waren. Frau Gürün war ihrem Mann geistig, bildungsmäßig und insbesondere an Willensstärke überlegen. Sie hatte nach dem frühen Tod ihres Vaters schon von früh an ihre Geschwister versorgen müssen und war gewohnt, in der Familie den Ton anzugeben. Es kam daher schon im Jahre 1970 zu einer ersten schweren Krise, als Frau Gürün während eines gemeinsamen Urlaubs in der Türkei sich gegenüber der Mutter ihres Mannes nicht so verhielt, wie es den türkischen Wertvorstellungen entsprach, das heißt sie war nicht ehrerbietig genug und ordnete sich nicht bedingungslos unter.

Ihr Mann hatte daher zunächst die Absicht, die Scheidung einzureichen, ließ sich dann aber von diesem Vorhaben wieder abbringen. Seine Frau war von Anfang an mit der weniger guten Schulbildung ihres Mannes, seinen oft naiven Vorstellungen, vor allem in finanziellen Dingen, und mit seinem sorglosen Naturell nicht zufrieden. Sie machte ihm selbst wegen Kleinigkeiten Vorwürfe, tadelte sein Verhalten auch in der Öffentlichkeit und wies ihn sogar im geselligen Kreis vor Landsleuten zurecht und beschimpfte ihn. Als ihr Mann ihr einmal Vorhaltungen machte, daß sie einen älteren Landsmann nicht mit dem gehörigen Respekt behandelt habe, schüttete sie ihm heißes Teewasser ins Gesicht, so daß er mit Verbrühungen einige Tage stationär im Krankenhaus behandelt werden mußte.

Numan fühlte sich durch diese Behandlung von seiten seiner Frau tief gedemütigt und erniedrigt und war um so mehr verletzt, als ein derartiges Verhalten den türkischen Anschauungen über Männlichkeit, Mannesehre und die Führungsrolle des Mannes in der Familie kraß widersprach. In der Öffentlichkeit hielt er sich jedoch mit unmittelbaren Reaktionen auf das Verhalten seiner Frau zurück, weil er sich, wie das in seiner Heimat üblich ist, verpflichtet fühlte, das Gesicht zu wahren. In der häuslichen Umgebung kam es aber zu häufigen Auseinandersetzungen, in denen der Ehemann seine körperliche Überlegenheit ausspielte und seiner Frau Ohrfeigen gab. Seit 1976 nahmen diese Auseinandersetzungen an Schärfe und Erbitterung zu; zu sexuellen Beziehungen zwischen den Ehegatten war es schon seit einem halben Jahr nicht mehr gekommen, beide sprachen zwar öfter von Scheidung, gaben aber diesen Plan mit Rücksicht auf die Kinder immer wieder auf. Bei beiden äußerte sich die seelische Belastung in gesundheitlichen Beeinträchtigungen, Frau Gürün war stark untergewichtig, litt an allgemeiner Körperschwäche und großer Nervosität, die sich auch in Herzbeschwerden äußerte. Ihr Mann litt ebenfalls unter starken Beschwerden.

Die Spannungen zwischen den Eheleuten erreichten wegen Streitigkeiten über finanzielle Angelegenheiten ihren Höhepunkt, als die Familie Schulden in Höhe von rund 15 000 Mark hatte, von denen sie jeden Monat 900 Mark tilgen mußten. Frau Gürün war so bedrückt, daß sie eine Arbeit in einer Textilfabrik aufnahm, während ihr Mann weniger bekümmert erschien und keinen Anlaß sah, sich in seiner Lebensführung einzuschränken. Er beantragte sogar ein weiteres Darlehen von 6000 Mark bei einer Bank, aber seine Frau weigerte sich, diesen Antrag als Bürge mit zu unterschreiben. Durch diese Weigerung fühlte sich Numan erneut gedemütigt, insbesondere fühlte er sich dadurch verletzt, daß seine Frau ihren ersten Monatslohn in Höhe von 500 Mark nicht in den gemeinsamen Haushalt gegeben, sondern eigenmächtig ihrer Mutter in die Türkei geschickt hatte. Die dadurch verursachten Meinungsverschiedenheiten wurden zum Teil auch im Beisein anderer Menschen ausgetragen.

Frau Gürün fühlte sich durch diesen Streit so erschöpft, daß sie sich von ihrer Hausärztin wegen Herzbeschwerden krankschreiben und zur stationären Behandlung in das Kreiskrankenhaus einweisen ließ. Ihr Mann besuchte sie hier täglich, machte ihr jedoch immer wieder Vorwürfe wegen ihrer finanziellen Differenzen. Sie zog aus diesen Auseinandersetzungen den festen Entschluß, sich nunmehr endgültig von ihrem Mann zu trennen und nie mehr zu ihm zurückzukommen, und sie äußerte diesen Wunsch auch gegenüber türkischen Bekannten.

Numan fühlte sich durch diese erneute öffentliche Bloß-
stellung auf das Schwerste belastet und suchte mit Bekannten eine Reihe von Gaststätten auf, in denen er bis zum frühen Morgen erhebliche Mengen Alkohol trank. Am nächsten Vormittag erfuhr er von einem Bekannten, daß seine
Frau ihren endgültigen Entschluß gefaßt habe. Nun fühlte er
sich endgültig unterlegen, verlassen und abgeschoben und
um seine großen Opfer und Anstrengungen, die er nach seiner Auffassung für die Familie gebracht hatte, betrogen. In
seiner Ausweglosigkeit und seiner Ratlosigkeit besuchte er
wieder seine Frau, und es kam wiederum zu einer heftigen
Auseinandersetzung; sie gab ihm zu verstehen, daß sie ihn
nun nicht mehr sehen wolle und drückte auf eine Klingel.
Auf seine Frage, wen sie denn rufe, antwortete sie, sie wolle
ihn hinauswerfen lassen. Ihr Mann zog daraufhin ein Messer
und stach achtmal auf seine Frau ein, die kurze Zeit darauf
starb.

In erster Instanz wurde Gürün wegen Totschlags unter
Zubilligung verminderter Schuldfähigkeit zu 10 Jahren Freiheitsstrafe verurteilt, dieses Urteil wurde im Strafmaß aufgehoben, und nach erneuter Hauptverhandlung erhielt er
eine Freiheitsstrafe von 7 Jahren und 6 Monaten. Hierbei
wurde seine erhöhte Strafempfindlichkeit berücksichtigt,
insbesondere, daß er die Strafe in einem fremden Land unter
fremder Sprache und Kultur verbüßen müsse. Außerdem
wurde berücksichtigt, daß er die Tat tief bereute und unter
dem Geschehenen erheblich litt.

Kriminologisch gehört der Fall Gürün zu jenen Tötungen, bei denen ein zwischen zwei Menschen bestehender
Konflikt Motiv und Anlaß zur Tat war. Der Täter erhofft sich
in diesen Fällen – bewußt oder unbewußt – von der Tat die
Lösung des Konfliktes. Konfliktlagen können immer dann
auftreten, wenn Menschen mit unterschiedlichen Auffassungen freiwillig oder unfreiwillig in eine engere Gemeinschaft treten und sich aufeinander einstellen müssen. Wenn
der jeweils stärkere Partner seine Auffassungen durchsetzt,
wäre es theoretisch für den unterlegenen Partner die ein-

fachste Lösung, die Gemeinschaft zu verlassen. Wenn dies aber nicht möglich ist, – Menschen schrecken oft vor den einfacheren Lösungen zurück und wählen statt dessen die viel schwerere oder gar unmögliche – kann es über einen längeren Zeitraum hinweg zu gewaltsamen Auseinandersetzungen bis hin zur Konflikttötung kommen.

Konflikte treten besonders häufig innerhalb der Familie auf, die strafrechtlich immer besonders geschützt wurde, vielleicht – unbewußt – deswegen, weil man immer schon ahnte, wie verletzlich und zerbrechlich diese engste menschliche Gemeinschaft ist. Nach langobardischem Recht wurde die Ehefrau, die den Gatten tötete, hingerichtet. Im norwegischen Recht wurde die Verwandtentötung „geradezu als Mord" bezeichnet, im Freiburger Stadtrecht wurde die Tötung des Ehegatten und naher Verwandter als so widernatürlich erachtet, daß man zwischen Mord und Totschlag keinen Unterschied machte. Diese Verbrechen wurden in der Regel mit der Radstrafe gesühnt, das heißt den Verurteilten wurden die Knochen gebrochen.

Vielleicht ist das Leben in der Familie heute noch schwieriger als früher, weil die Ansprüche an die Partnerschaft gewachsen sind. Diese soll andauerndes Glück, vollständiges Akzeptieren und Verstehen, ungetrübte sexuelle Erfüllung und uneingeschränkte persönliche Entfaltung gewähren, was in sich schon widersprüchlich ist.

Konflikttötungen gibt es überall auf der Welt; Peter D. Chimbos hat in Kanada 34 Fälle „häuslicher" Tötungen untersucht. 17 Paare waren verheiratet, 17 lebten in „common law marriages", also in dauerhaften, eheähnlichen Verhältnissen. Die meisten Paare gehörten der Unterschicht an; bei den Streitigkeiten, die schließlich zur Tötung führten, spielte der Alkohol eine gewichtige Rolle. Täter und Opfer hatten nur eine geringe Schulbildung und übten meist ungelernte Berufe aus. In den „common law marriages" war die Gefahr, daß es zur Tötung kam, größer als in den echten Ehen. Auch bei uns sind derartige Verhältnisse, wie es scheint, anfälliger; ein Partnerberater, dem laufend Paare

zugewiesen wurden, gab an, daß gerade an dieser „offenen"
Ehe die Menschen scheitern. „Ich habe bis jetzt noch kein
Paar kennengelernt, bei dem das länger als zwei, drei Jahre
für alle Beteiligten gut funktioniert hätte. Verschiedene
haben gesagt: Zuerst war es faszinierend, dann ging es noch
eine Weile gut, aber dann wurde es unerträglich – zumindest
für einen Teil der Beteiligten."

Die meisten kanadischen Partner hatten eine unglück-
liche Kindheit gehabt; eines der wichtigsten Ergebnisse der
Studie war es, daß die Tötung selten „plötzlich, explosiv und
unerwartet kam", „in den meisten Fällen war die Tötung der
Endpunkt einer langen Reihe bitterer Auseinandersetzungen über ‚eheliche' Verfehlungen und sexuelle Zurückwei-
sungen". Es begann mit Beleidigungen und Drohungen,
wobei das Opfer seinen wesentlichen Anteil am „Erfolg" der
schließlichen Tat hatte. Die Beteiligung des Opfers an der Tat
kann sehr verschieden sein, selten ist das Opfer völlig
unschuldig, meistens fördert es die Tat, wenn auch in sehr
verschiedenem Grade, bis hin zur schweren, offenen Provokation, die manchmal den Eindruck vermittelt, das Opfer
suche unbewußt den Tod. Die Tat ist in den meisten Fällen
Endpunkt einer langen Entwicklung, im Verlauf derer die
Partner nicht leben und nicht sterben können. Es zeigt sich
häufig, daß zur Beendigung einer sinnlos gewordenen Beziehung ein gewisser Mut gehört, der vielen Menschen fehlt.
Viele Opfer sind gegenüber der wachsenden Gefahr in der
Partnerbeziehung aber geradezu blind.

Die letzten Worte eines Opfers vor der Tat sind oft starke
Provokationen, die den Mann (oder die Frau) zentral in seinem (ihrem) Lebensgefühl treffen. Daß derartige Worte fallen, ist nach der Erfahrung der Kriminologie sehr wahrscheinlich; im Prozeß haben wir jedoch nur die oft entlasten-
de Aussage des Angeklagten. Bei einer von vielen ehelichen
Auseinandersetzungen zwischen einem über 70 Jahre alten
Ehepaar sagte die Frau dem Mann, es sei schade, daß es mit
ihm bei zwei früheren Operationen nicht zu Ende gegangen
sei. Dieser Satz brachte den Mann dazu, ein Küchenmesser

zu holen und seiner Frau damit zu drohen. Diese sah zwar das Messer, fuhr aber fort: „Du Feigling, wärst Du doch an Deinem Darm verreckt. Du Feigling, stich' doch zu." Der Mann tat es und wurde später, 1982, wegen Totschlags in einem minder schweren Fall zu einem Jahr und 6 Monaten Freiheitsstrafe verurteilt.

Konflikttäter versuchen kaum jemals, nach ihrer Tat zu fliehen, sie stellen sich entweder sofort oder später und werden dann leicht überführt.

In manchen Fällen werden Konflikte auch durch Selbstmorde beendet wie beispielsweise im Fall des Ehepaares Maler. Im Juni 1969 wurden die Leichen des Ehepaars Maler, 34 und 32 Jahre alt, in ihrer Wohnung in einer nordbadischen Stadt gefunden. Aus den wenigen bekannten Fakten läßt sich der Ablauf des Geschehens nach psychologischen Erfahrungen mit einiger Wahrscheinlichkeit rekonstruieren. Beide Ehepartner hatten zwar denselben Beruf und waren in demselben Unternehmen tätig – sie nach der Geburt ihres zweiten Kindes nur noch halbtags –, beide waren aber sehr verschiedene Charaktere, er ernst, auf seine Arbeit versessen und introvertiert, sie kontaktfreudig und unternehmungslustig, aber auch labiler. Sie fühlte sich von ihrem Mann vernachlässigt. In einem Club lernte sie einen Kaufmann kennen, der mehr Zeit für sie hatte als ihr Mann. Zwischen den beiden kam es allmählich zu einer Liebesbeziehung, für sie mehr reaktiv als aktiv, mehr ein Ersatz für fehlende Beziehungen und weniger im Gedanken an eine gemeinsame Bewältigung der Zukunft. Da es aber zum Wesen eines Liebesverhältnisses gehört, daß man Pläne für eine gemeinsame Zukunft macht, wobei sich die Grenzen zwischen Wunsch, Illusion und Realität verwischen können, besorgte sich die Frau eine Stellung in einer anderen Großstadt; ihr Liebhaber mietete eine gemeinsame Wohnung, und die gemeinsame Abfahrt mit dem Pkw in das vermeintliche Glück war beschlossene Sache. Als an dem festgesetzten Tage Frau Maler am Mittag von ihrer Arbeit nach Hause kam, muß ihr blitzartig die Ausweglosigkeit ihrer Lage zum

Bewußtsein gekommen sein, insbesondere, was es bedeutet, sich endgültig von Mann, Kindern, Wohnung und gewohnter Umgebung zu trennen. Vielleicht sagte ihr auch Gefühl und Klugheit, daß man seine ureigensten persönlichen Probleme und Schwierigkeiten immer mit sich nimmt, auch bei einem Orts- und Partnerwechsel. Sie schrieb drei Abschiedsbriefe, in denen es neben praktischen Anweisungen u.a. heißt: „Als Chemikerin bin ich eine absolute Niete, auch in jeder anderen Beziehung ist mein Verstand und mein Wissen auf das tiefste Niveau gesunken, meinen Kindern kann ich keine gute Mutter sein, da ich sie nicht genug liebe und keine Fröhlichkeit und kein Verständnis für sie habe, und Dir kann ich keine gute Frau sein, da ich Dich zwar gern habe, aber nicht mehr liebe. Ich liebe nichts und niemanden, mein Leben ist völlig sinnlos und wertlos."

Dann rief sie im Kindergarten an, ihr Mann werde die Kinder später abholen, und nahm anschließend eine Zyankali-Kapsel, die sie in einer Schmuckkassette aufbewahrt hatte. Dieses Gift wirkte sehr schnell. Als gegen 13 Uhr ihr Mann nach Hause kam und seine Frau tot auf dem Teppich im Wohnzimmer fand, geriet er wohl in Panik und nahm ebenfalls Gift, rief aber noch die DRK-Rettungszentrale an und verlangte einen Arzt. Dann stürzte er zu Boden, der Telefonhörer blieb hängen. Man kann fragen, ob einer der Ehepartner oder beide ihren Entschluß vielleicht noch bereut hätten, wenn sie hierzu Gelegenheit gehabt und wenn sie nicht dieses außerordentlich schnell wirkende Gift so leicht zur Hand gehabt hätten, ein Problem, das sich in bezug auf Schußwaffen auch oft stellt, vor allem in den USA, wo in fast jedem Haushalt eine Schußwaffe vorhanden ist.

Viele Menschen sind schwach und verführbar; sie sind ebenso schnell bereit, Entschlüsse zu fassen, wie sie diese bald wieder bereuen – wenn dies noch möglich ist. Aus dieser Sicht können daher solche Bücher nur schärfstens verurteilt werden, die mit konkreten Ratschlägen den Selbstmord erleichtern wollen und vor Hinweisen zu Rezeptfälschungen auch nicht zurückschrecken.

Der Gewohnheitsverbrecher als Staatsanwalt

Am 23.9.1945 wurde am Oberen Schlangenweg in Heidelberg die Leiche einer Frau gefunden. Die Leiche war an der betreffenden Stelle offensichtlich versteckt und mit Gestrüpp überdeckt worden; die Leichenöffnung ergab, daß die Frau durch zehn Stiche in den Rücken und durch zahlreiche mit großer Gewalt geführte Schläge getötet worden war. Sie wurde sehr schnell als Martha Klinger identifiziert.

Kurz nach dem Auffinden der Leiche, als gerade Polizeibeamte für die notwendigen Ermittlungen am Tatort eingetroffen waren, kam „zufällig" ein Mann in Begleitung einer Frau vorbei, der sich gegenüber den Polizeibeamten als der Hilfsstaatsanwalt Walter Berger aus Mannheim auswies, sich eingehend nach den Ermittlungsergebnissen erkundigte und sich Notizen machte. Am nächsten Tage lieferte dieser Mann dem Oberstaatsanwalt in Mannheim einen „Tatortbericht" ab, in dem, wie die Polizei zu ihrer Verblüffung feststellte, Einzelheiten enthalten waren, die einem unbeteiligten Beobachter am Fundort unmöglich aufgefallen sein konnten, insbesondere deshalb nicht, weil die Leiche noch verdeckt gewesen war. Als man dann auch noch feststellte, daß Berger als Letzter mit Martha Klinger gesehen worden war, wurde er verhaftet und in Untersuchungshaft genommen. Er trat zunächst in der Maske des beleidigten Biedermannes auf, korrigierte dann aber sein Verhalten schrittweise. Im ersten Stadium der Ermittlungen lehnte er jegliche Verbindung mit der Tat kategorisch ab. Nach seiner Darstellung war er am Morgen des 22. September als englischer Sprachlehrer in die Wohnung von Frau Klinger gekommen, hatte sie in Tränen vorgefunden und auf Befragen erfahren, daß sie wegen einer drohenden Verhaftung unbedingt für kurze Zeit aus Heidelberg verschwinden müsse. Ihr französischer Freund sei mit seinem Auto eingetroffen und werde sie noch am Abend nach Zell an der Mosel bringen, wo ihr Kind untergebracht sei. Er, Berger, habe ihr dann gegen 18 Uhr geholfen, ihre Koffer zu packen und habe sie zu dem vereinbarten Treffpunkt mit ihrem Freund gebracht und sich gegen 22 Uhr von ihr verabschiedet. Mehr wisse er nicht.

Zwei Tage später legte Berger im zweiten Stadium der Ermittlungen sein sogenanntes zweites Geständnis ab, in dem er eine aktive Beteiligung an dem Mord zugab, aber nur eine untergeordnete Rolle gespielt haben wollte. Durch erpresserische Drohungen Frau Klingers habe er jede Selbstbeherrschung verloren und ihr mit einem Schraubenschlüssel einen Schlag auf den Kopf versetzt. Sie sei daraufhin zusammengebrochen, und ihr Freund habe sie dann mit den Worten „Die Hure muß vernichtet werden" durch Schädelhiebe und zahlreiche Dolchstiche getötet.

Erst ein Jahr später bequemte sich Berger im sogenannten dritten Stadium dazu, seine alleinige Täterschaft zuzugeben, er habe allerdings, so betonte er, im Affekt gehandelt. Nach dieser Darstellung sei er von Martha Klinger erpreßt worden, denn sie habe ihn zur Aufgabe seiner geplanten Heirat mit Susanne Vatter bewegen wollen, – dies war die Frau gewesen, die ihn auf seinem Spaziergang zum Schlangenweg begleitet hatte. Als er sich geweigert habe, sei Martha plötzlich mit einem Messer auf ihn zugestürzt. In wahnsinniger Wut habe er sie dann getötet, und ihr Freund habe ihm geholfen, die Leiche wegzuschaffen. Aus Dankbarkeit für diese Hilfe habe er diesem sein Ehrenwort gegeben, ihn nicht zu verraten.

Während seiner Untersuchungshaft machte Berger drei Fluchtversuche, die alle mißlangen.

Das Landgericht Heidelberg verhandelte im September 1946 gegen Berger, und nach einer außerordentlich sorgfältigen Beweisaufnahme wurde er wegen Totschlags, Diebstahls im Rückfall und versuchten Ausbruchs als gefährlicher Gewohnheitsverbrecher zu einer Gesamtzuchthausstrafe von 15 Jahren verurteilt. Weiter wurde insbesondere aufgrund seines recht wechselreichen Lebenslaufes die Sicherungsverwahrung nach Verbüßung der Strafe angeordnet.

Berger wurde 1919 als sechstes uneheliches Kind einer Dienstmagd in Bonn geboren. Sein natürlicher Vater, ein Elektriker, ließ ihn 1928 für ehelich erklären, kümmerte sich aber wenig um die Erziehung des Jungen. Von 1925 bis 1933 besuchte er die Volksschule, wo er einmal wegen Faulheit und Trotz sitzen blieb. Nach der Entlassung war er wegen seiner Unbeständigkeit und „abenteuerlichen Charakterveranlagung" in den verschiedensten Stellen tätig, doch hielt er es nirgendwo länger aus. Er bevorzugte Arbeitsstellen in Autoreparaturwerkstätten, Tankstellen und Radiogeschäften und legte sich selbst die Berufsbezeichnung „kaufmännischer Angestellter" zu, war aber nur ungelernter Hilfsarbeiter.

Schon im Herbst 1935 setzte seine kriminelle Betätigung ein; er unterschlug an seiner Arbeitsstelle zwei Akkus, um sich Geld für seine kostspieligen Mädchenbekanntschaften zu verschaffen. In einer neuen Firma stahl er 290 Mark und kaufte damit u. a. Munition, um sich am Abessininen-Krieg zu beteiligen. Durch sein raffiniertes Leugnen zog sich die Untersuchung in dieser Diebstahlssache so lange hin, daß er erst 8 Monate später zu 2 Monaten Gefängnis verurteilt werden konnte. Berger meldete sich freiwillig zum Arbeitsdienst, wo er wiederum Diebstähle beging und dann flüchtete. Es folgte eine Verurteilung zu 3 Monaten und 2 Wochen Gefängnis. 1939 faßte er, angeregt durch abenteuerliche Reiseschilderungen eines Freundes, den Entschluß, mit diesem nach Jugoslawien zu fahren, sich dort Geld zu verdienen, um dann damit auf eine Weltreise zu gehen. Die Mittel hierfür wurden nicht durch Arbeit, sondern durch Diebstähle beschafft; in Wien ließen die beiden nach einem Unfall das gestohlene Auto betriebsunfähig im Stich und begingen dann eine ganze Kette von Diebereien und Zechprellereien. 1939 wurde Berger deshalb als gefährlicher Gewohnheitsverbrecher zu einer Gesamtzuchthausstrafe von 3 Jahren mit nachfolgender Sicherungsverwahrung verurteilt.

Den Zweiten Weltkrieg verbrachte Berger in verschiedenen Zuchthäusern; 1943 und 1944 unternahm er zwei Ausbruchsversuche. Als die alliierten Truppen nahten, entwich Berger aus dem Zuchthaus Hameln oder er wurde als angeblich „politischer Häftling" entlassen. Jedenfalls tauchte er im Juni 1945 mit einem Fahrrad in Heidelberg auf und baute sich überraschend schnell und überall erfolgreich eine neue Existenz auf, – bei dem Lebenslauf, wie er ihn jetzt schilderte, war das kein Wunder. Sein Geburtsdatum änderte er auf 1917 ab, gab sich als Sohn eines Oberstaatsanwaltes und einer Adligen aus und erzählte, er habe nach bestandenem Abitur im In- und Ausland Jurisprudenz studiert. Nach dem Referendarexamen sei er als Referendar vorwiegend als „Assistanz des Untersuchungsrichters" bei einem Landgericht, bei einer Staatsanwaltschaft und in der Präsidialabteilung eines Oberlandesgerichtes tätig gewesen. Mit achtzehn anderen Kandidaten sei er nach zweijähriger Vorbereitungszeit 1939 zum Assessor ernannt worden. Unmittelbar darauf habe man ihn zur Wehrmacht eingezogen, zuletzt sei er Staffelkapitän in einem Jagdgeschwader gewesen, er habe beide Eiserne Kreuze und das Deutsche Kreuz in Gold gehabt und habe nur deshalb das Ritterkreuz nicht bekommen, weil sein Vater, der Oberstaatsanwalt, früher Mitglied der SPD und im KZ gewesen sei. Beide Elternteile seien während eines Fliegerangriffs umgekommen. Als er in Heidelberg ankam, spielte er außerdem den aus russischer Kriegsgefangenschaft entlassenen „Landser mit verstauchter Hand". Kein Wunder, daß Berger in einer barmherzigen Lehrersfamilie eine Bleibe fand; man gab ihm unentgeltlich Wohnung und Essen und präsentierte ihn der Umwelt als „wohlerzogenen und leidgeprüften jungen Mann aus gutem Hause". Wie er später in der Hauptverhandlung sagte, fühlte er sich in dieser Familie heimisch und umsorgt wie noch nie in seinem Leben.

Nachdem er sich von den Strapazen der „Gefangenschaft" – d.h. der Zuchthaushaft – erholt hatte, begann er mit kleinen Schwindeleien auf dem damals florierenden Schwarzen Markt und bot sich mit einer Annonce als englischer Sprachlehrer an, weil, wie er richtig vermutete, Englisch einer der begehrtesten Artikel war. Weiter bewarb er sich bei der Schulbehörde um eine Stelle als Volksschullehrer unter Hinweis auf seine frühere Tätigkeit als „Geschwaderunterrichtsoffizier". Schließlich wurde er mit Hilfe eines gefälschten Fragebogens bei der Justizbehörde wegen einer Assessorenstelle vorstellig, wobei es ihm nach seinen eigenen Angaben hauptsächlich darum ging, aufgrund seiner „kriminalistischen Interessen" – man mag es eher „kriminelle Vergangenheit" nennen – als Staatsanwalt angestellt zu werden. Unter Hinweis auf das noch beizubringende Zeugnis über sein zweites juristisches Staatsexamen wurde er am 19. 9. 1945 zum Hilfsstaatsanwalt in Mannheim ernannt. Zwei Tage später wurde jedoch diese Ernennung wieder rückgängig gemacht, weil man versäumt hatte, die Bestätigung der amerikanischen Militärregierung einzuholen. Neben dieser Bewerbung hatte sich Berger auch bei der Polizeidirektion Heidelberg für eine Anstellung im Kriminaldienst vormerken lassen.

Während alle diese Bewerbungen liefen, hatte er mit seinem Angebot als englischer Sprachlehrer Erfolg; zu seinen Schülerinnen gehörte auch die schon erwähnte Susanne Vatter, der er sich später in Heiratsabsicht stärker näherte. Eine weitere Schülerin war die später getötete Martha Klinger, die ebenfalls ihre „Vergangenheit" hatte. Sie war erst durch die Militärregierung aus der Untersuchungshaft entlassen worden, nachdem ihr gegen Ende des Krieges Delikte des Betruges und der Wirtschaftskriminalität zur Last gelegt worden waren. Martha Klinger führte ein ausschweifendes Leben und versuchte auch, die Rolle der politisch Verfolgten zu spielen.

Daß Berger tatsächlich ihr Mörder gewesen war, ergab sich schließlich aus zahlreichen Zeugenaussagen, der Würdigung seiner Persönlichkeit und auch aus seinen eigenen Fehlern. So hatte man an seinem Jackett zahlreiche Blutspritzer gefunden, und sein vielleicht verhängnisvollster Fehler, der seinem Hang zu Angeberei und Lügerei entsprach, war wohl gewesen, daß er Einzelheiten der tatsächlichen Verletzungen des Opfers geschildert hatte, von denen er niemals gehört und die er auch nicht gesehen haben konnte.

Dies alles entsprach Erfahrungen, die man schon früher mit Berger gemacht hatte; bereits als 16jähriger hatte er bei polizeilichen Ermittlungen den Eindruck hinterlassen, daß weitere Vernehmungen wegen seiner abgrundtiefen Verlogenheit nutzlos sein würden. 1936 wurde er schon als eine geltungsbedürftige, leichtsinnige, oberflächliche, labile und suggestible Persönlichkeit beschrieben, die zu unüberlegten und kurzschlüssigen Handlungen neige. Er sei intelligent, biegsam und aufmerksam und wisse sich geschickt neuen Bedürfnissen und Anforderungen anzupassen. Diese Anpassungsfähigkeit zeigte sich dann auch in den Zeitverhältnissen nach Ende des Zweiten Weltkrieges, die seinen Neigungen sehr entgegenkamen. Selbst während seines späteren Zuchthausaufenthaltes brachte ihn sein krankhaftes Geltungsbedürfnis dazu, beispielsweise zu behaupten, er kenne Georg Elser, der 1939 in München das Sprengstoffattentat gegen Hitler verübt hatte.

Der psychiatrische Sachverständige schilderte Berger als einen krankhaft von sich eingenommenen Menschen, einen typischen Blender, der mit verblüffender Auffassungsgabe, nie erlahmender Aufmerksamkeit, einem auch in Nebensächlichkeiten zuverlässigen Gedächtnis und einer über seine Herkunft und seinen Bildungsgang weit hinausragenden Intelligenz jede Chance, die ihm das Leben oder der Prozeßverlauf zu bieten scheine, kaltblütig und seinen Vorteil berechnend wahrnehme. In der Hauptverhandlung erfaßte er blitzschnell die feinsten Nuancen des Rede- und Antwortspiels und hatte für alles sofort eine glaubhaft klingende Ausrede zur Hand, ohne sich auch nur durch sein Mienenspiel zu verraten. Es war ihm zur Gewohnheit geworden, nur das zuzugeben, was nach seinem Dafürhalten nicht für eine entscheidende, für ihn negative Beurteilung in Betracht kam, und er vermengte Richtiges mit Erlogenem derart, daß die Erkenntnis der Wahrheit außerordentlich erschwert war. Während des ganzen Prozeßverlaufes erwies er sich nach dem Gutachten des Sachverständigen als ein „Meister der Lüge".

Mit dieser Beurteilung ist schon ganz allgemein die Persönlichkeit des Hochstaplers kriminologisch in ausgezeichneter Weise beschrieben; und weil Berger sich in dieser Weise verhielt und immer mehr verschleierte als offenbarte, ist das eigentliche Motiv seiner Tat nie klar geworden. Es läßt sich aus kriminologischer Erfahrung nur anfügen, daß im allgemeinen der Gewohnheitsverbrecher ein Vermögenstäter ist, der keine Gewalt anwendet; Betrüger und Gewalttäter haben in der Regel verschiedene Persönlichkeiten. Berger war in erster Linie Hochstapler und Betrüger wie auch sein Nachfolger, „der Mann vom anderen Stern", der im folgenden Kapitel beschrieben werden soll.

Die juristischen Berufe waren auch in anderen Fällen unter den Anstellungsbetrügern der Nachkriegszeit vertreten. So amtierte z. B. in Groß-Gerau neun Jahre lang ein falscher Amtsrichter; in Berlin arbeitete ein vielfach vorbestrafter Zuchthäusler 15 Monate lang als Amts- und Vernehmungsrichter. Seine Urteile waren durchweg gut begründet, so daß sie in der Regel in der Berufungsinstanz bestätigt wurden. Seine mangelnde Qualifikation fiel erst auf, als er eine junge Frau unbefugt aus der Untersuchungshaft entlassen und versucht hatte, mit ihr ein Liebesverhältnis anzuknüpfen. Seine beruflichen Kenntnisse hatte er sich durch seine zahlreichen Kontakte mit der Justiz erworben, denn er war 14mal wegen Betruges und anderer Delikte vorbestraft.

In Arnsberg war zeitweise ein Richter tätig, der mit Hilfe falscher Zeugnisse und anderer Urkunden 1945 in den Justizdienst eingestellt worden war. Die Ermittlungen gegen ihn begannen, als das Rechnungsamt feststellte, daß eine Wohnungsgeldanforderung des Richters in Höhe von

48,79 Mark gefälscht war. Eine Hausdurchsuchung bei ihm erbrachte einen ganzen Schreibtisch voll gefälschter Urkunden und gefälschter Zeugnisse. Als einziges juristisches Lehrbuch fand man in seiner Bibliothek „Die Lehre vom Verbrechen der Urkundenfälschung".

In Graz amtierte zwanzig Jahre lang ein falscher Oberlandesgerichtsrat und Dr. iur., der als „Starrichter" galt und unter anderem mit der Durchführung von Judenmordprozessen betraut war. Die Promotionsurkunde wurde durch einen gravierenden lateinischen Grammatikfehler als Fälschung erkannt.

Der Mann vom anderen Stern

Im Jahre 1973 oder 1974 lernte der 1947 geborene Helmut Holle in einer Diskothek in Baden-Baden die 1951 geborene Chefsekretärin Johanna Franke kennen, die damals noch, wie es später im Urteil hieß, eine „unselbständige und komplexbeladene junge Frau" war. Sie entwickelte zu dem vier Jahre älteren Holle eine intensive Freundschaft, in der sexuelle Kontakte unwesentlich blieben; die beiden liebten es zu diskutieren und sprachen hauptsächlich über Psychologie und Philosophie. Im Laufe der Zeit wurde Holle zum Lehrer und Berater seiner Freundin in allen Lebensfragen, er war immer für sie da, und sie vertraute und glaubte ihm blind.

Im Verlauf ihrer zahlreichen philosophischen Gespräche erzählte Holle einmal, er sei ein Bewohner des Sterns Sirius. Die Sirianer seien eine Rasse, die philosophisch auf einer weit höheren Stufe ständen als die Menschen. Er sei mit dem Auftrag auf die Erde gesandt worden, dafür zu sorgen, daß einige wertvolle Menschen, darunter natürlich seine Freundin, nach dem völligen Zerfall ihrer Körper mit ihrer Seele auf einem anderen Planeten oder dem Sirius weiterleben könnten. Damit sie dieses Ziel erreiche, bedürfe sie allerdings einer geistigen und philosophischen Weiterentwicklung.

Als Holle erkannte, daß das Mädchen ihm vollen Glauben schenkte, beschloß er, dieses Vertrauen für sich finanziell auszunutzen, und so erzählte er weiter, sie könne die Fähigkeit, nach ihrem Tode auf einem anderen Himmelskörper weiterzuleben, dadurch erlangen, daß sich der ihm bekannte Mönch Uliko „vom Volk der Dogen" für einige Zeit – für sie – in totale Meditation versetze. Dadurch werde es ihrem Körper später möglich, während des Schlafes mehrere Ebenen zu durchlaufen und dabei eine geistige Entwicklung durchzumachen. Dafür allerdings müßten an das

Kloster, in dem der Mönch lebe, 30 000 Mark bezahlt werden. Johanna glaubte ihrem Freund, und da sie nicht genügend Geld besaß, beschaffte sie sich die geforderte Summe durch einen Bankkredit. Holle aber verbrauchte das Geld für sich.

Sooft sich Johanna in den folgenden Monaten nach den Bemühungen des Mönches erkundigte, vertröstete sie Holle und erklärte ihr, der Mönch habe sich bei seinen Versuchen für sie in große Gefahr begeben, gleichwohl aber keinen Erfolg erzielt, weil ihr Bewußtsein eine starke Sperre gegen die geistige Weiterentwicklung aufbaue. Der Grund dafür liege in ihrem Körper, und diese Blockade könne nur durch die Vernichtung des alten und die Schaffung eines neuen Körpers beseitigt werden.

Als Holle merkte, daß seine Freundin keine Zweifel an der Richtigkeit seiner Erklärungen hatte, faßte er den Plan, aus ihrem blinden Vertrauen weiteren finanziellen Nutzen zu ziehen. Er gaukelte ihr vor, in einem roten Raum am Genfer See stehe für sie ein neuer Körper bereit, in dem sie sich als Künstlerin wiederfinden werde, wenn sie sich von ihrem alten Körper trenne. Doch auch in ihrem neuen Leben werde sie Geld benötigen, und es lasse sich dadurch beschaffen, daß sie eine Lebensversicherung über 250 000 Mark (bei Unfalltod 500 000 Mark) abschließe, ihn unwiderruflich als Bezugsberechtigten bestimme und durch einen vorgetäuschten Unfall aus ihrem „jetzigen Leben" scheide. Nach der Auszahlung werde er ihr die Versicherungssumme überbringen. Johanna folgte blindlings und schloß entsprechend den Vorschlägen ihres Freundes diese Versicherung ab. Holle überließ ihr scheinbar großmütig 4 000 Mark in bar, weil sie, wie er sagte, nach ihrem Erwachen am Genfer See das Geld als „Startkapital" benötigen werde, denn die Auszahlung der Versicherungssumme könne sich verzögern. Ihr „jetziges" Leben sollte sie nach einem Plan Holles durch einen vorgetäuschten Autounfall, nach einem späteren Plan dadurch beenden, daß sie sich in eine Badewanne setzte und einen eingeschalteten Fön in das Badewasser fallen ließ.

Auf sein Verlangen und nach seinen Anweisungen versuchte die junge Frau, diesen Plan in ihrer Wohnung zu realisieren; der tödliche Stromstoß blieb jedoch aus. Aus „technischen Gründen" verspürte sie, als sie den Fön eintauchte, nur ein Kribbeln an ihrem Körper. Holle war überrascht, als sie auf seinen Kontrollanruf antwortete, und gab ihr dann etwa drei Stunden lang telefonische Anweisungen zur Fortführung dieses Versuchs, aus diesem Leben zu scheiden. „Schließlich brach man die Schinderei in der Badewanne ab", wie es später hieß.

Johanna hatte in völligem Vertrauen auf die Erklärungen ihres Freundes gehandelt und gehofft, sofort in einem neuen Körper zu erwachen. Der Gedanke an einen Selbstmord im eigentlichen Sinn, durch den ihr Leben endgültig beendet sein würde, kam ihr dabei seltsamer- und unverständlicherweise gar nicht. Sie lehnte sogar eine Selbsttötung grundsätzlich ab, denn der Mensch, so glaubte sie, habe dazu kein Recht.

Nach diesem „Mißerfolg" überredete Holle seine Freundin, sie solle niemandem etwas von dieser Geschichte erzählen, da ihr „ohnehin niemand die Sache abnehmen und sie höchstens für verrückt erklärt werden würde". Ein Verwandter der früheren Ehefrau Holles gab schließlich den Anstoß zur Aufnahme der polizeilichen Ermittlungen.

Das Landgericht Baden-Baden verurteilte Holle wegen versuchten Mordes, Betruges sowie wegen vorsätzlicher Körperverletzung und anderer Delikte zu einer Gesamtfreiheitsstrafe von 7 Jahren. Holle legte Revision an den Bundesgerichtshof ein; über dessen Verhandlung hieß es in der „Frankfurter Allgemeinen Zeitung", sie habe an eine Buchlesung Erich von Dänikens erinnert, wenn dieser seine Wesen von anderen Sternen zur Erde ausschwirren lasse. Das Urteil des Landgerichts wurde bestätigt. Der Reporter schloß seinen Bericht mit den Worten: „Denk' Dir das Absurdeste, Abartigste, Verrückteste aus, es ist schon einmal dagewesen…"

Dieses ist, so unglaublich es klingen mag, kein Einzelfall, denn die folgende Geschichte ereignete sich vor knapp hundert Jahren im Allgäu.

Ende des 19. Jahrhunderts war in Kaufbeuren, Allgäu die Tochter Creszentia der vermögenden und sehr frommen Familie Kotterisch gestorben. Kurze Zeit später erhielten die Eltern über die 17jährige kranke Tochter Agnes einer von der Familie Kotterisch betreuten, armen Familie den folgenden Brief: „Liebe Eltern und Geschwister, heißgeliebte Erdenpilger! Mit himmlischer Hoheit habe ich von Jesus Christus und der heiligen Mutter Gottes die Erlaubnis erhalten, an Euch, heißgeliebte Erdenpilger, zu schreiben. Nachdem ich nach meinem Tode die höllische Pein im Fegefeuer überstanden hatte, kam ich in den Himmel und habe meinen Platz neben dem Erzengel Michael erhalten. Ihr glaubt gar nicht, was für eine Wonne und Wohlgefühl in dem Himmel herrscht. Ihr solltet mich bloß einmal sehen, wie ich, in der einen Hand das flammende Schwert und in der anderen den Kelch, die armen Seelen im Fegefeuer trösten darf".

Der anonyme Chronist, der über diesen Fall berichtet hat, schreibt dazu: „Man sollte wirklich nicht glauben, daß wir am Ende des 19. Jahrhunderts stehen, wenn man bedenkt, daß die Kotterischen Eheleute glaubten, daß dieser Brief von ihrer Tochter Creszentia aus dem Himmel kam und dort geschrieben sei, und dabei war Ferdinand Kotterisch in einer Stadt aufgewachsen und hatte die dortige Volksausbildung genossen!"

Schon bald verlangte Creszentia von ihren Eltern Geld, z. B. zur Anschaffung neuer Himmelsglocken oder für den Ersatz des goldenen Schwertes, das der Erzengel Gabriel verloren habe. Dann wieder sollten die Eltern eine Aussteuer bezahlen, weil Creszentia sich mit einem Engel verlobt hatte; weiter bezahlte die Familie für die in gebührenden Abständen geborenen Kinder der Creszentia, für die goldene Wiegen angeschafft werden mußten. Zum Dank erhielt Vater Kotterisch ein von Jesus Christus unterzeichnetes Schreiben, durch das er zum Stellvertreter Gottes auf Erden ernannt wurde. Dies alles geschah durch Vermittlung der 17jährigen kranken Agnes. Alles in allem wurde die Familie Kotterisch um rund 10 000 Mark damaliger Währung geschädigt, und der Betrug hörte erst auf, als Agnes starb. In der bald folgenden Hauptverhandlung gegen die Eltern von Agnes bot sich nach dem Bericht des Chronisten „ein so krasses Bild des gröbsten Aberglaubens, daß man zweifeln könnte, ob sich dieser Prozeß im urgesunden Bayern oder in Hinterafrika abspiele, und daß man die Hände über dem Kopf zusammenschlagen muß".

Harry Domelas Gastspiel in Heidelberg

An einem trüben Herbsttag des Jahres 1926 kam der 22jährige Harry Domela im Heidelberger Hauptbahnhof an. Er wollte – wie er später in seinen Erinnerungen schrieb – in der „kleinen, entzückend gelegenen Stadt" einen leuchtenden Herbst finden, sich unter jungen Menschen sorglos fühlen, die ganze Romantik des Studenten an diesem heiteren Ort auskosten und für ein paar unvergeßliche Tage die Misere seines bisherigen Lebens vergessen. Domela wußte, daß viele baltische Adlige Angehörige des Studentencorps Saxo-Borussia gewesen waren und fragte sich zu dem Verkehrslokal des Corps durch, um die Gastlichkeit der Saxo-Borussen in Anspruch zu nehmen. In der leeren Gaststube des Bierlokals „Seppl" wunderte sich Domela, daß an der Decke zahlreiche Schilder mit den verschiedensten Aufschriften hingen wie z. B. Namensschilder von Handwerkern oder vor allem von Hebammen; eine Anzahl anderer Schilder stammte aus Eisenbahnwaggons. Die Kellnerin klärte Domela auf, diese Schilder seien keineswegs „gestohlen", sondern bloß irgendwo „mitgenommen" worden.

Da es Domela klar war, daß er mit einem bürgerlichen Namen kaum Eingang in ein so vornehmes Corps finden würde, stellte er sich den Saxo-Borussen als „Prinz Lieven, Leutnant im 4. Reichswehr-Regiment Potsdam" vor und erzählte, er würde gerne den Betrieb des Corps kennenlernen, weil sein jüngerer Bruder beabsichtige, in Heidelberg zu studieren und eine für ihn passende standesgemäße studentische Verbindung suche. Domela erhielt prompt Einladungen zu festlichen Abendessen und zu studentischen Kneipen. Auch in dem Kneipzimmer hingen von der Decke goldene Brezeln, silberne Barbierbecken und ähnliche Innungszeichen; von den Corpsbrüdern wurden diese als

„Suff-Trophäen" bezeichnet. Nach langen Kneipen wurden nicht selten am frühen Morgen regelrechte „Raubzüge" veranstaltet, wobei nicht nur die „Trophäen" abgehängt wurden, sondern man auch Straßenlaternen zerschlug und ähnlichen groben Unfug trieb. Man nannte dies dann „Studentenulk". Domela hatte sich in Vorbereitung auf seinen Aufenthalt in Heidelberg Material über den Betrieb der studentischen Corps besorgt und hatte außerdem von früher her Kenntnisse über personelle und sonstige Verhältnisse innerhalb des Adels, so daß er bei den Gesprächen mit den Studenten keinen Verdacht erregte, zumal er außerordentliche Fähigkeiten im Trinken zeigte und beispielsweise ein Riesenhorn mit etwa zwei Liter Bier in einem Zug leerte. Angesichts solcher Erfolge wurde Domela unter anderem angeboten, für einen berühmten Reitstall Turniere zu reiten, und alles in allem galt er in diesem Augenblick als der vornehmste Gast der Saxo-Borussen. Auf der anderen Seite war Domela in seinen Äußerungen keineswegs zurückhaltend und galt daher bald als „roter Prinz", der „verdrehte Ansichten" habe, auf jeden Fall aber ein schneidiger Kerl mit tadellosem Benehmen sei.

Die Gastfreundschaft der Saxo-Borussen konnte Domela nicht darüber hinwegtäuschen, daß er sein Hotel bezahlen und natürlich standesgemäße Trinkgelder geben mußte. Sein Bargeld ging zur Neige, und so entschloß er sich zu folgendem Trick: als er eines Abends, von einem recht begüterten Saxo-Borussen begleitet, in sein Hotel kam, fragte er unüberhörbar den Portier, ob Post für ihn da sei, insbesondere erwarte er einen Einschreibebrief bzw. eine Wertsendung. Als der Portier verneinte, machte Domela eine ärgerliche Bemerkung. Der Saxo-Borusse erkundigte sich sofort nach der Ursache der Verärgerung, worauf Domela zunächst vornehm-zurückhaltend blieb, dann aber andeutete, offensichtlich sei durch ein Versagen der Post eine erwartete Geldsendung nicht angekommen, oder aber seine Gutsverwaltung habe das Geld über ein anderes Konto geleitet und dadurch die Ankunft verzögert. Der Saxo-

Borusse zückte sofort seine Brieftasche, blickte diskret weg, als Domela sie öffnete, und Domela entnahm ihr nach kurzem Zögern drei Hundertmarkscheine mit dem Versprechen baldigster Rückzahlung.

Das Ende seines Aufenthaltes, des „leuchtenden Herbstes" in Heidelberg, kam für Domela schneller, als er erwartet hatte. Da er angegeben hatte, Leutnant eines Potsdamer Regiments zu sein, wurde er auch mit Offizieren bekannt gemacht wie z. B. mit dem Grafen Arnim-Boitzenburg, der Domela nach einer Reihe von Verwandten und Bekannten der Familie von Lieven fragte und dann auf seinen Dienst als Leutnant in Potsdam zu sprechen kam. „Durchlaucht leisten in Potsdam Waffendienst? Vermute doch Kavallerieregiment?" Domela spürte die heraufziehende Gefahr und antwortete in arrogantem Ton: „Möchte vorziehen, werter Graf, militärische Fragen unerörtert zu lassen, weil hier Vergnügen, nicht Auskunftsbüro". Der alte Graf blickte erstaunt auf und antwortete: „Wie Durchlaucht belieben – dachte nur, da mein Vetter Kommandeur – immerhin, falls Durchlaucht… Bitte, nicht verargen, wäre verbunden, wenn Durchlaucht Gruß überbrächten… Durchlaucht residieren sicherlich bei Durchlauchtigstem Oheim, Prinz Leinfelden". Domela erhob sich und antwortete: „Vorübergehend" und verließ den Raum. Von draußen hörte er noch die Stimme des Grafen Arnim-Boitzenburg: „Etwas stimmt nicht! Alter Prinz Leinfelden vor einem Jahr gestorben. Und Neffe sollte das nicht wissen?"

Domela verließ Heidelberg schleunigst und wollte nach Berlin fahren; da jedoch sein Bargeld nicht ausreichte, stieg er in Erfurt aus und machte sich auf die Suche nach einer Stellung. Er hatte indes keinen Erfolg, stieg aber nichtsdestotrotz im besten Hotel der Stadt, dem „Erfurter Hof", ab und trug sich als Baron von Korff ein, ein Name, den er in Heidelberg gehört hatte. Als er im Restaurant des Hotels saß, trat ein Herr an seinen Tisch – es war der Direktor –, der den Gast im Auftrag des berühmten Malers Professor Gerhardt einlud, dessen Gemäldesammlung im Salon der ersten Etage zu besichtigen. Domela nahm die Einladung an, und der Maler trat an ihn heran und flüsterte vertraulich: „Eure Königliche Hoheit werden vergeben, wenn ich Euer Königlicher Hoheit Incognito durchbreche, doch mein Malerauge verriet mir sofort, daß der Edelmann, der sich unter dem Namen eines Baron von Korff jeder Zudringlichkeit Neugieriger erwehren will, niemand anderes ist als Seiner Königlichen Hoheit Kronprinz Wilhelms Sohn!" Dabei verbeugte sich der Maler tief. Obwohl Domela ihn bat, sein Incognito doch weiterhin zu wahren, sprach sich diese Neuigkeit sofort herum, und der Inhaber des Hotels, der angesehene Kommerzienrat Kossenhaschen, bat „Seine Königliche Hoheit" um die Ehre, die Gastfreundschaft des Hauses anzunehmen. Kossenhaschen hatte noch andere Hotels in Gotha, Magdeburg, Chemnitz, Frankfurt und Mannheim und lud Domela in sein Hotel nach Gotha ein, wo er für ihn einen großen Empfang gab, auf den ein gemeinsamer Besuch der Hofoper erfolgte. Die Hofloge war für Domela reserviert worden. Die Theaterbesucher ließen sich von ihm Autogramme geben, und ihm zu Ehren hatte man die Oper „Der alte Dessauer" auf den Spielplan gesetzt. Im Hotel gingen zahlreiche Blumengrüße ein, Domela mußte sich in das Goldene Buch des Hotels eintragen und wurde in unvorstellbarer Weise von der ehemaligen Hofgesellschaft gefeiert. Der Oberbürgermeister machte bei ihm im Hotel Besuch, und der Garnisonsälteste der Reichswehr empfing ihn und ließ ihn in seinem Dienstwagen nach Weimar fahren. Mit gepumptem Geld flog Domela zwischendurch nach Berlin und kleidete sich standesgemäß neu ein. Nach Erfurt zurückgekehrt, besuchte er den örtlichen Kommandeur der Reichswehr und bat ihn aus angeblicher Sorge um die Wahrung des Incognitos, die Lokalpresse zu veranlassen, nicht weiter über den Besuch des Prinzen von Preußen zu berichten. In seinen Lebenserinnerungen schreibt Domela über diesen Besuch: „Der Oberst begleitet mich und bringt mich bis zu meinem Auto, er läßt es sich nicht nehmen, mir persönlich den Schlag aufzureißen und mir hineinzuhelfen...

der Oberst steht in streng militärischer Haltung vor dem Schlage, mit allen Orden und Ehrenzeichen, und hält die Hand an der Mütze. So bleibt er stehen, als das Auto abrollt, so steht er auch noch, solange ich ihn sehen kann… So geschehen im achten Jahre der glorreichen Deutschen Republik".

Doch schließlich platzte die Seifenblase, denn sozialdemokratische Blätter in anderen Städten hatten die Nachricht aufgegriffen, der kommandierende Reichswehroberst habe den Sohn des Kronprinzen mit militärischen Ehren empfangen, und das sei doch höchst unrepublikanisch. Gleichzeitig meldete sich in Domelas Hotel in Erfurt ein Bevollmächtigter des Kaiserhauses an, um, wie Domela vermutete, seine Identität zu überprüfen, denn auch die kronprinzliche Familie in Potsdam hatte schließlich davon Kenntnis bekommen, daß einer ihrer Angehörigen in Thüringen Aufsehen erregte. Domela reiste nach Köln und anschließend nach Euskirchen, wo er sich bei einer Annahmestelle für die französische Fremdenlegion meldete. Beamte der deutschen Kriminalpolizei entdeckten ihn jedoch in der Menge der Anwärter für die Legion und nahmen ihn fest.

In der Hauptverhandlung vor dem Kölner Schöffengericht schilderte Domela zunächst sein Leben. Harry Domela – schon sein Name war falsch, denn er hieß tatsächlich Victor Ziska – wurde 1904 als Sohn eines Landwirts in Grusche in Kurland geboren. Nach dem Tode seines Vaters zog er mit seiner Mutter nach Bauske, wo er in ein städtisches Asyl eingewiesen wurde. Er blieb in der Schule häufig sitzen, und als nach dem Ersten Weltkrieg deutsche Freikorps in Kurland einrückten, wurde der Junge mit 14 Jahren Angehöriger des Freikorps Brandis. Harry bekam zwar, als die Deutschen sich wieder zurückziehen mußten, ein Freikorps-Abzeichen und eine Bescheinigung über seine Dienstleistung, aber keinen Personalausweis, weil dafür keine Formulare vorhanden waren. Rückblickend kann man in dieser Tatsache – ähnlich wie beim Schuster Voigt, dem Hauptmann von Köpenick – einen Grund für seine Hochstapeleien sehen, denn so oft in der Zukunft Domela irgendeine Arbeit fand, verlor er sie schnell wieder, wenn er nach seinem Personalausweis gefragt wurde. Domela ging ins Deutsche Reich, arbeitete als Landarbeiter, als Bergmann im Ruhrgebiet und in manchem anderen Beruf. Als Vertreter in Potsdam lernte er einen Likörverkäufer kennen, der unter angenommenem Adelsnamen glänzende Geschäfte machte. Domela legte sich daraufhin den Namen „Graf von der Recke" bei und fand sofort Eingang bei adligen baltischen Flüchtlingsfamilien. Hierbei lernte er gute Manieren und ein sicheres Auftreten und eignete sich ein gehöriges Maß von Arroganz an. Bald stellte man in diesen Kreisen jedoch fest, daß man einem falschen Adligen aufgesessen war; Domela wurde wegen Betrugs zu 3 Monaten Gefängnis verurteilt und verließ nach Verbüßung der Strafe das für ihn ungastliche Potsdam. Er dachte nun daran, in die Schweiz auszuweichen, überlegte es sich dann jedoch anders und stieg in Heidelberg aus.

Zur Hauptverhandlung in Köln lagen weder aus Heidelberg noch aus den meisten anderen Orten Betrugsanzeigen gegen Domela vor, es hatten sich überhaupt nur wenige Geschädigte gemeldet, entweder weil die Geschädigten es für klüger hielten, nicht bloßgestellt zu werden oder weil die beteiligten Hotels überhaupt keinen Schaden erlitten hatten, denn der hochadlige Besucher hatte ihnen im Gegenteil zu höheren Einnahmen verholfen. Domela berief sich zur Entschuldigung auf die Leichtgläubigkeit seiner Opfer; ein medizinischer Sachverständiger attestierte Domela Unstetigkeit und Abenteuerlust, aber auch Liebenswürdigkeit und menschlichen Anstand. Der Gutachter kam zu dem Schluß, Domela sei ein Opfer seiner Jugend und der traurigen Verhältnisse geworden, in die er hineingewachsen sei. Zweifellos sei er jungenhaft stolz auf seine betrügerischen Streiche. Das Gericht hielt Domela zugute, daß er in seine Rolle mehr oder weniger hineingetrieben worden war, daß seine kriminelle Intensität relativ gering war, und daß der finanzielle Schaden, den er angerichtet hatte, nicht wesentlich wog. Aus diesen Gründen sah das Gericht von einer eigentlich für seine zahlreichen Betrügereien angemessenen Zuchthausstrafe ab und verhängte die sehr niedrige Gefängnisstrafe von 7 Monaten, wobei noch einmal betont wurde, daß Domela die sich ihm bietenden Gelegenheiten zu weitaus größeren Betrügereien nicht ausgenutzt, sondern sich im Ganzen bescheiden gezeigt habe.

Prozeß und Urteil erregten in der Öffentlichkeit der Weimarer Republik ungeheures Aufsehen, wurde doch mit diesem Verfahren eine hochstaplerische Karriere abgeschlossen, die damals fast einmalig war und Vergleiche mit dem Streich des Hauptmanns von Köpenick herausforderte, der 1906 in der Uniform eines Hauptmanns Soldaten unter seinen Befehl gestellt, das Rathaus von Köpenick besetzt und die Herausgabe der Stadtkasse erzwungen hatte.

Im Gefängnis schrieb Domela dann die Geschichte seines Lebens nieder; sie wurde 1927 vom Malik-Verlag in Berlin unter dem Titel „Der falsche Prinz" veröffentlicht. Kommerzienrat Kossenhaschen hatte sich zuvor bei dem Verleger gemeldet und versucht, die ganze Auflage aufzukaufen. Als ihm dies nicht gelang, drohte er, er werde gerichtliche Maßnahmen ergreifen, denn all das, was Domela erzähle, sei Schwindel; schließlich räumte er jedoch ein, daß alles wahr sei, aber er fürchte, unter Umständen in seiner Existenz vernichtet zu werden, wenn die Öffentlichkeit alles erfahre. Ja, Kossenhaschen gab schließlich zu, daß Domela gar nicht alles ihn Betreffende berichtet habe. So sei Domela einmal mit ihm bei Nacht in Erfurt am Kaiser-Wilhelm-Denkmal vorbeigekommen, und Kossenhaschen habe, um seinem Prinzen zu schmeicheln, vor dem Denkmal den Hut gezogen, sich verbeugt und dem Prinzen mit bewegten Worten seine tiefe Verehrung für „Wilhelm den Großen" bekannt.

Nach dem Erscheinen des Buches von Domela mußte auf Antrag des ehemaligen Kaiserlichen Hauses, vertreten durch Prinz Louis Ferdinand, aus dem Buchumschlag das Bild des echten Prinzen Wilhelm herausgeschnitten werden. Der Verlag hatte mit diesem Bild die Ähnlichkeit zwischen dem falschen und dem echten Prinzen zeigen wollen. In der Verhandlung vor dem Berliner Gericht las der Vertreter des Malik-Verlages einen Brief von Thomas Mann vor, in dem dieser die Taten Domelas über die des Hauptmanns von Köpenick stellte und die Memoiren als eine „talentvolle Gesellschaftskritik" bezeichnete, die „eine bestimmte Schicht der verdienten Lächerlichkeit aussetze".

Nach seiner Entlassung aus dem Gefängnis erhielt Domela Angebote von Filmproduzenten, Theaterintendanten und Kabarettsleitern. In Leipzig trat er in dem Lustspiel „Seine Durchlaucht" auf; ein Berliner Theater brachte einen Einakter „Der falsche Prinz", der von Domela verfaßt war und in dem er selbst auftrat. Die 15 000 bis 20 000 Mark, die Domela für seine Memoiren erhalten hatte, verlor er zum großen Teil durch seine Beteiligung an einem Kino. Als er wie früher wieder mittellos war, tauchte er im Sommer 1931 in Berlin unter.

Domelas weiteres Leben liegt im Dunkel, es gibt darüber widersprechende Berichte. Nach einer Version nahm er auf republikanischer Seite 1936–1939 am spanischen Bürgerkrieg teil und verschwand dort. Der Schriftsteller Frank Arnau brachte eine andere Version, wonach er viele Jahre nach dem Zweiten Weltkrieg Domela in New York in einem Restaurant gesehen habe, und ein amerikanischer Flugkapitän habe ihm, Arnau, erzählt, er habe 1948 Verwandten von Domela in Berlin ein Lebensmittelpaket überbracht. Domela sei nach den USA ausgewandert, habe Landwirtschaft studiert und sei schließlich Professor an einem College im Mittleren Westen geworden. Frank Arnau konnte aber auf Befragen diese Version nie beweisen.

Im Grimmschen Wörterbuch wird der Hochstapler als ein Gauner definiert, der als ein Vornehmer bettelt. Nach anderer Auslegung hängt das Wort Hochstapler mit dem Wort stapfen gleich gehen und wandern zusammen, und danach ist ein Hochstapler ein Mensch, der umherzieht und dabei ein Leben unbefugt in höherem Stil führt. Kriminalpsychologisch versteht man unter einem Hochstapler einen

Menschen, der sich den Schein einer reichen Person oder einer Person von gutem Stand oder Namen gibt und der unter dieser Maske großzügig seine ganze Lebensweise ausrichtet und dabei Betrügereien oder sonstige Vermögensdelikte begeht. Diese engere Definition des Hochstaplers wurde im wesentlichen von der europäischen kriminologischen Literatur übernommen, der amerikanische Begriff des „confidence man" geht weiter.

Am intensivsten hat sich der Kriminologe Wulffen mit der Persönlichkeit des Hochstaplers befaßt; er schildert ihn als einen Menschen, der überall eine Lügenatmosphäre verbreitet, oft ein Doppelleben führt, sich in eine bessere Welt flüchtet und Freude an seinen Schwindeleien hat. Das Letztere gilt vor allem für Harry Domela; über ihn heißt es bei Hans von Hentig in seiner Monographie über den Betrug, in Domelas Memoiren klinge die Beschreibung seiner Reaktionen und seiner genußvollen Gefühle echt. Domela, so heißt es, „weiß, daß jeden Augenblick jemand auftauchen kann, der den wirklichen Prinzen kennt. Es droht Entlarvung, Verhaftung, Gefängnis. Trotzdem kann er sich nicht entschließen, die Prinzenrolle aufzugeben ,es war doch angenehm, ständig in Gegenwart von höchster Achtungsbezeugung zu sein', erhebend für den einstigen Diener ist die Versicherung des Hoteldirektors, daß er ihm den Prinzen sofort angesehen habe. Und es ist ihm lieber, noch ein wenig Glanz zu kosten, als zu verschwinden und arbeitslos die Straßen von Berlin zu durchirren. Fern von Sorge um ein Stück Brot, die ihn früher gequält hat, gibt er sich dem Augenblick hin. Er beschreibt ganz naiv, wie seine Träume sich für kurze Zeit erfüllen, (genießt es) unbefangen infantil. ,Ich aß nicht, um zu essen, sondern ich aß mit den Augen, mit den Sinnen, mit allen Organen. Es war für mich wie ein Fest. Ein alter Rheinwein wurde mir in niedrigem Römer kredenzt und zum Abschluß ein milder Bordeaux. Als ich aufstand, wurde mir der Stuhl lautlos zurückgezogen. Hernach nahm ich in der Halle den Kaffee ein, dazu einen Hennessy-Cognac im Schwenkglas'".

Tagebüchern und Memoiren von Hochstaplern gegenüber ist immer ein gewisses Mißtrauen angebracht, weil diese Menschen leicht versucht sind, ihre Rolle in ihren Bekenntnissen noch weiterzuspielen. Wulffen wies einmal den Hochstapler Manolescu darauf hin, seine Memoiren enthielten eine Reihe von Abenteuern, die er nie erlebt habe, worauf ihm Manolescu lakonisch antwortete: „Zu einem vorzüglichen Braten gehört eine exzellente Soße".

Die Opfer Domelas drängten sich dem falschen Prinzen geradezu auf, und sie waren glücklich über jedes Zeichen prinzlicher Huld. Domela kam in den Jahren einer gegenüber dem Kaiserreich glanzlosen Republik dem Verehrungsbedürfnis weiter Kreise entgegen. Psychologen haben zudem ermittelt, daß es ein allgemein menschliches Bedürfnis ist, betrogen zu werden. Hinzu kommt die sehr häufige Blindheit und mangelnde Intelligenz der Opfer; von dem Physiker Professor Einstein stammt das Wort, es gäbe zwei grenzenlose Phänomene, das eine sei das Weltall und das andere die menschliche Dummheit.

Der letzte Heimkehrer des Ersten Weltkrieges

Am 21. Mai 1932 brachte der Postbote in Endingen am Kaiserstuhl dem alten Ehepaar Daubmann den folgenden Brief ins Haus: „Palermo, den 17. Mai. Meine geliebten Eltern! Nach 16 Jahren bin ich in der Lage, Euch, geliebten Eltern, ein Lebenszeichen von mir zu geben. Ich geriet im Januar 1916 schwer verwundet in Gefangenschaft. Nach meiner Heilung machte ich einen Fluchtversuch. Dabei erschlug ich einen Posten, worauf ich 20 Jahre Zuchthaus bekommen habe. Im Dezember ist es mir endlich gelungen zu entfliehen. Ich mußte ungefähr 5000 Kilometer bis ans Meer zu Fuß gehen, wo ich ein Schiff traf, welches nach Europa bis in den Hafen von Palermo fuhr. Jetzt muß ich wieder zu Fuß laufen bis Neapel, wo ich auf dem Deutschen Konsulat einen Paß holen muß. Liebe Eltern, ich erwarte in Neapel Antwort auf diesen Brief, und legt mir den Taufschein und Geburtsschein dazu, damit ich auf dem Konsulat nicht noch lange warten muß auf den Paß. Ich hoffe, daß Ihr noch alle beide am Leben seid. Ich freue mich, daß ich endlich wieder zu Euch kommen kann. Wie geht es in Endingen? Mir geht es nicht besonders gut, denn ich muß noch einige Tage ausruhen, da ich das Sonnenfieber habe. Ich denke, daß ich in 2 bis 3 Wochen bei Euch bin. Sobald ich weiß, daß Ihr noch am Leben seid und ich Nachricht habe, so werde ich Euch dann schreiben können, wann ich bei Euch bin. Verzeiht mir die schlechte Schrift, aber ich habe diesen Brief im Bett geschrieben. Es grüßt und küßt Euch tausendmal – Euer Sohn Oskar".

Der Inhalt dieses Briefes blieb nicht lange verborgen; schon der Briefträger sorgte für die Verbreitung dieser sensationellen Nachricht, daß Oskar Daubmann nicht gefallen war, sondern sich auf seine Rückkehr in die Heimat vorbereitete. Offiziell galt Oskar Daubmann seit dem 21. Oktober 1916 als vermißt. Der Bürgermeister von Endingen schickte nach kurzem Zögern Geburtsurkunde und Taufschein an das deutsche Konsulat nach Neapel, bat aber zugleich, dem Heimkehrer ein paar Fragen vorzulegen wie z. B. die, wo das Rathaus in Endingen stehe und wie die Wirtschaft am Tor heiße.

Am 25. Mai meldete sich Oskar Daubmann, abgerissen und offensichtlich krank und entkräftet, beim deutschen Generalkonsul in Neapel. Er erzählte seine Geschichte, die darin gipfelte, daß er in einer Einzelzelle im französischen Fort Constantine in Algerien 15 Jahre eingesperrt gewesen sei. Jetzt wolle er schleunigst nach Hause. Die Fragen nach dem Standort des Rathauses und nach dem Namen der Wirtschaft am Tor beantwortete er ohne Zögern, wußte jedoch nicht mehr die Nummer seines Regiments. Bei der Frage nach dem Vornamen seiner Mutter sank er – im richtigen Augenblick – ohnmächtig zusammen und wurde sofort in ein Krankenhaus gebracht. Einen schwerkranken Mann mit einem so schweren Schicksal durfte man doch wohl nicht länger mit Fragen belasten, die ihn quälten, das war ein Gebot der Menschlichkeit, und so händigte das Konsulat dem Heimkehrer zwei Tage später einen deutschen Reisepaß und die Fahrkarte von Neapel nach Freiburg aus. Später stellte sich heraus, daß bei der Einlieferung in das Krankenhaus das Datum seines Geburtstages und der Name seiner Mutter falsch angegeben worden waren und daß Daubmann sich erst nach Erhalt seiner Papiere korrigiert hatte.

Als Daubmann im Zuge saß, ahnte er noch nicht, welche Aufregung die Nachricht von seiner späten Heimkehr in ganz Deutschland verursacht hatte. Die Massenmedien hatten dafür gesorgt, daß diese Sensation bis in den letzten Winkel des Landes gedrungen war und starke Emotionen geweckt hatte. Schon an der schweizerisch-italienischen Grenze auf dem Bahnhof von Chiasso wurde Daubmann von einem ehemaligen Feldwebel und Regimentskameraden Schlageter empfangen. In Luzern kam ein Redakteur der

„Badischen Presse" aus Karlsruhe zu ihm ins Abteil und überreichte ihm einen Blumenstrauß in den badischen Farben gelb-rot-gelb. In Basel warteten auf dem Bahnsteig zwei Herren im Zylinder, die ihn im Namen des badischen Kriegerverbandes feierlich begrüßten. Auf dem Hauptbahnhof in Freiburg hatten sich Tausende von Menschen versammelt, die in einer so festlichen Stimmung waren, wie sie sonst seltener in Freiburg zu verspüren ist. Als der Zug einlief, hatten Abordnungen aller Kriegervereine Aufstellung genommen, und eine Musikkapelle spielte den Marsch vom Alten Kameraden. Als Daubmann die ihm zujubelnde Menge sah, brach er ohnmächtig zusammen und wurde so schnell wie möglich in das Haus seiner Eltern nach Endingen geschafft, wo er sich erst einmal erholen mußte. Den Fackelzug zu seinen Ehren ließ man sich indessen nicht nehmen; der feierliche große Empfang aber wurde verschoben. In den nächsten Tagen wurde Daubmann von unzähligen Verwandten, Bekannten und Unbekannten besucht. Es war ein ständiges Kommen und Gehen im Hause der Eltern Daubmann; der offensichtlich von seinen Leiden gezeichnete Heimkehrer saß still im Lehnstuhl, hörte zu und ließ die anderen zunächst erzählen. Natürlich mußte er immer und immer wieder über sein schweres Schicksal berichten; dieses ließ sich folgendermaßen zusammenfassen: „Am 21. Oktober 1916 brach ich bei Grandcourt an der Somme unter dem Bajonettstich eines angreifenden Engländers zusammen. Engländer lieferten mich in einem französischen Kriegslazarett in Amiens ab. Drei Monate später beschloß ich zu fliehen, als ich mich wieder bei Kräften fühlte. Dabei wurde ich von einem Posten angehalten, den ich mit einer losgerissenen Latte niederschlug. Von der alarmierten Wache wurde ich gefaßt und ins Gefängnis geworfen. Da der Posten drei Tage später starb, wurde ich vor ein Gericht gestellt, das mich zu 20 Jahren Zuchthaus verurteilte. Ich wurde nach Afrika transportiert, und in 14tägigem Fußmarsch – mit anderen Gefangenen an eine lange Kette gefesselt – kam ich bei glühendem Sonnenbrand nach Constantine in Algerien.

131

Als Schwerverbrecher saß ich 15 Jahre in einer Einzelzelle; als ich endlich zu Straßenarbeiten herangezogen wurde, gelang mir die Flucht. Viereinhalb Monate wanderte ich eine alte Karawanenstraße entlang, bis ich endlich Tunis und das Meer erreichte. Mit letzten Kräften schwamm ich zu einem italienischen Schiff im Hafen herüber und versteckte mich dort. Als ich entdeckt wurde, nahm mich der Kapitän mit, ich mußte ihm aber das Ehrenwort geben, nie den Namen dieses Schiffes zu verraten. In Palermo ging ich an Land und schrieb den ersten Brief nach 16 Jahren nach Hause".

Fast die gesamte deutsche Presse ließ es sich nicht nehmen, die Leiden des Heimkehrers in französischen Kerkern dramatisch zu schildern. In Kommentaren hieß es da beispielsweise: „Eine ohnmächtige Wut packt uns, daß ein Staat es sich heute noch erlaubt, einen deutschen Frontsoldaten, der ihm schwerverwundet in die Hände fiel, mit Räubern, Mördern und gemeinen Verbrechern in die Strafkolonie zu schicken!" Weiter hieß es z. B.: „Es ist selbstverständlich, daß das ganze Volk eine Zurechtweisung Frankreichs und eine eindeutige Aufklärung verlangt, ob und wo etwa immer noch deutsche Volksgenossen in französischen Kerkern schmachten!" Und das Organ des Dr. Goebbels, „Der Angriff", versicherte: „Oskar Daubmann! Dir sind in uns die Rächer entstanden, die den sadistischen Franzosen heimzahlen werden, was sie an Dir begangen haben!"

Auch die Behörden handelten erstaunlich schnell. Das Versorgungsamt in Freiburg bewilligte Daubmann Zahlung von Versorgungsbezügen, Heilbehandlung und Zahnersatz. Das Amtsgericht Kenzingen leitete ein Verfahren ein, um die Entscheidung aufzuheben, durch die Daubmann 1924 für tot erklärt worden war. Und die Stadt Endingen ließ dem Heimkehrer einen Empfang zuteil werden, wie ihn die Stadt wohl noch nie erlebt hatte.

Kurze Zeit später schickte das Auswärtige Amt in Berlin eine erste Note nach Paris und verlangte Aufklärung über das Schicksal des Heimkehrers. Als die Franzosen nach einiger Zeit bestritten, von Daubmann je etwas gehört oder gesehen zu haben, wurde ihnen dies in der deutschen Rechtspresse als die übliche gallische Bosheit ausgelegt.

Währenddessen wurde es um Oskar Daubmann in Deutschland nicht still. Sein ehemaliger Major und Regimentskommandeur, ein Gewerbeschuldirektor in Sigmaringen, nahm sich seiner an. Er organisierte mit patriotischem Eifer und deutscher Gründlichkeit für Daubmann eine Reihe von Vorträgen und trat mit dem ganzen Gewicht seiner Persönlichkeit für den Kriegskameraden aus dem Mannschaftsstand ein. Er setzte ihm selbst die Reden auf, die Daubmann dann in rund zwanzig Städten Badens und in Berlin hielt.

Nach einem Vortrag in seiner Heimatstadt Endingen wurden Daubmann gleich vier Auszeichnungen feierlich überreicht. Auf dem Hauptbahnhof in Karlsruhe wurde er von einer Musikkapelle empfangen und in einer früheren großherzoglichen Hofkutsche, von zwei Ehrenjungfrauen flankiert, zur Festhalle gebracht, wo er seinen Vortrag hielt. Eine Musikkapelle spielte, die Menschen jubelten, kauften Postkarten mit dem Photo Daubmanns und ließen Drachen mit seinem Bild in die Lüfte steigen. In Konstanz erhielt er ein persönliches Handschreiben des Oberbürgermeisters, in Hagnau krachten Böllerschüsse zu seinen Ehren.

Anläßlich seines Vortrages in Berlin sollte Daubmann dem Reichspräsidenten, Generalfeldmarschall von Hindenburg, vorgestellt werden; es ist nicht ganz klar, wodurch diese Audienz in letzter Minute verhindert worden ist.

In Sigmaringen wurde Daubmann im Schloß dem Fürsten von Hohenzollern vorgestellt, der ihm die Hohenzollernsche silberne Verdienstmedaille mit Schwertern an die Brust heftete.

Der eifrige Organisator Daubmanns ließ es nicht bei den Vorträgen seines Schützlings bewenden, er schloß auch möglichst bald einen Vertrag mit einem Berliner Buchverlag für ihn ab und formulierte für Daubmann dessen überaus spannende Erlebnisse vom Bajonettstich bis zur triumphalen Heimkehr. In weiser Voraussicht wurde auch sogleich eine amerikanische Übersetzung des Buches in Aussicht genommen. Daubmann sollte 2000 Mark auf die Hand und 20 Prozent vom Verkaufspreis seines Buches erhalten, ein Prozentsatz, von dem normalerweise Autoren nur träumen können.

Leben und Auftreten Oskar Daubmanns blieben aber von Anfang an nicht ganz ungetrübt. Mancherlei Zweifel an seiner ungewöhnlichen Geschichte wurden geäußert, aber schnell beschwichtigt, da insbesondere seine Eltern ihn rückhaltlos als ihren Sohn anerkannten. Seine Mutter hatte die Schrift seines ersten Briefes – dem Brief vom 17. Mai 1932 – mit alten Briefen verglichen und gesagt „Es ist seine Handschrift!" Als Oskar Daubmann auf dem Hauptbahnhof in Freiburg ohnmächtig zusammenbrach und sich später in den Armen seiner Mutter wiederfand, soll diese geäußert haben „Mein Mutterherz hat gesprochen, es ist mein Sohn". Ein alter Schulkamerad von Daubmann sagte jedoch in Freiburg zu seiner Frau „Das ist nicht der Oskar Daubmann", und auch dem Bürgermeister von Endingen war bei seiner Festrede anläßlich des feierlichen Empfangs nicht ganz wohl, doch er fühlte sich verpflichtet, seine ihn bedrängenden Zweifel nicht zu äußern, denn es herrschte um ihn herum die fast einhellige Überzeugung, daß, wer Daubmann in dieser Stunde nicht als Daubmann anerkenne, die heilige Sache der deutschen Nation verrate. Bei nachdenklichen Menschen erregte die negative französische Antwort auf die deutschen Noten ebenfalls Zweifel, und man fragte sich auch, wie ein Mensch einen Marsch von 5000 Kilometern durch die Wüste ohne Hilfsmittel hatte überstehen können. Als schließlich das französische Außenministerium das endgültige Ergebnis einer umfangreichen Untersuchung bekannt gab, – man hatte keine Spur von Daubmann gefunden –, verstärkten sich die Zweifel, und Daubmann stellte sich sogar mit dem Mut der Verzweiflung der gesamten Berliner Presse. Die Reichsvereinigung ehemaliger Kriegsgefangener gab bei dieser Gelegenheit eine Erklärung heraus, wonach sie von der Glaubwürdigkeit Daubmanns vollkommen überzeugt sei; es bestehe überdies der begründete Verdacht, daß Daubmann nicht der letzte deutsche Kriegsgefangene in Frankreich sei. Daubmann selbst wehrte sich energisch und für viele Menschen überzeugend gegen alle aufkommenden Zweifel. Im Vorwort seines im Druck befindlichen Buches schrieb er: „Als die französische Regierung nach langer Untersuchung amtlich erklärte, daß sich keinerlei Anhaltspunkte für die Richtigkeit meiner Angaben finden ließen, scheuten manche Stellen nicht davor zurück, mich für einen Abenteurer – für einen Schwindler zu erklären. So bin ich gezwungen, den Wahrheitsbeweis für die Richtigkeit meiner Angaben und meiner Anklagen anzutreten. Ich tue dies, indem ich mein Schicksal hiermit der Öffentlichkeit übergebe und indem ich zugleich erkläre, daß ich bereit bin, mich den französischen Behörden gegen freies Geleite zur Vernehmung zu stellen. In Constantine in Algier werde ich dann die Zelle zeigen, in der ich 15 Jahre lang von der Mitwelt abgeschlossen als Sträfling Nr. 102 geschmachtet und in der ich ein Stück von meinem Leben und von meiner Gesundheit zurückgelassen habe. Den Kampf um Leben und Freiheit habe ich bestanden! Den schmerzlicheren Kampf um Ehre und guten Namen habe ich noch zu bestehen. Möge mein Buch mir dabei helfen, und möge es weiterhin dazu beitragen, die Aufmerksamkeit der Welt auf die Leiden der letzten Kriegsopfer hinzulenken. Endingen am Kaiserstuhl, Oskar Daubmann".

Von Anfang an gab es einen mehr heimlichen als offenen Gegner Daubmanns, den ehemaligen Leiter des Badischen Landespolizeiamtes in Karlsruhe, Regierungsrat Dr. Ramsperger. In einer ausführlichen polizeilichen Vernehmung umschiffte Daubmann die gefährlichsten Klippen seiner Geschichte mit unwahrscheinlicher Eleganz und Schlagfertigkeit und wußte auf jede Frage eine Antwort. Einem unbefangenen Leser mußte sich der Eindruck aufdrängen, daß man so etwas nicht erfinden, sondern nur erleben könne. Als sich jedoch bei Ramsperger die Zweifel verstärkten, besuchte er zusammen mit zwei Ärzten Oskar Daubmann in seinem Elternhaus in Endingen, und einer der Ärzte untersuchte die angebliche Narbe, die der Bajonettstich hinterlassen haben sollte, und fand, daß es die Narbe einer ganz gewöhnlichen Magenoperation war. Unter dem Vorwand, man müsse Daubmanns Identität bei den französischen Behörden nachweisen, nahm man ihm trotz seines Widerstrebens Fingerabdrücke ab, und nun ließ sich die Lawine nicht mehr aufhalten. Man brachte Daubmann auf das Polizeipräsidium in Freiburg, und als er arglos ins Zimmer trat, begrüßte ihn Dr. Ramsperger mit den Worten „Grüß' Sie Gott, Herr Hummel". Und er fuhr fort: „Sie sind der Schneider Karl Josef Hummel, geboren am 9. März 1898 in Oberwil bei Basel, zuletzt wohnhaft in Offenburg. Ihr Spiel ist verloren, Sie sind verhaftet".

In ganz Deutschland hatte die Presse wieder ihre Sensation, wobei die Entrüstung überwog, waren doch bisher die Zweifler an Daubmanns Identität von Teilen der öffentlichen Meinung massiv angefeindet worden. Die Rechtspresse war nun sehr kleinlaut geworden, während die triumphierende Linkspresse die rückhaltlose Aufklärung des Sachverhaltes und des Lebens des angeblichen Oskar Daubmann verlangte. Diese Aufklärung kam bald. Karl Josef Hummel hatte ein langes kriminelles Leben hinter sich. Schon 1910 war er das erste Mal aus seinem Elternhaus weggelaufen, später wurde er in der Erziehungsanstalt Flehingen untergebracht, aus der er sich 1915 freiwillig zum Militärdienst meldete. Ein damals schon gegen ihn eingeleitetes Verfahren wegen Brandstiftung wurde eingestellt, weil ihm ein Gutachter das Vorhandensein von Geistesschwäche bescheinigte. Hummel blieb nicht lange im Krieg, er desertierte und trieb sich in Deutschland herum, wurde bald gefaßt und wegen einer Reihe von Delikten verurteilt. Nach dem Kriege wurde Hummel mehrfach wegen Diebstahls und anderer Delikte bestraft, trieb sich herum und ließ sich 1930 in Offenburg nieder, wo er sich als Schneider selbständig machte und heiratete. Aus der Ehe ging ein Kind hervor. Ende April 1932 hielt es ihn nicht mehr bei seiner Arbeit und seiner Familie, er wäre gerne in die Fremdenlegion und nach Afrika gegangen, wurde aber von der Annahmestelle in Straßburg wegen körperlicher Untauglichkeit nicht angenommen. Mit einem Fahrrad fuhr er nach Süditalien und war in Neapel körperlich und finanziell am Ende. So kam es dazu, daß er den Brief an seine angeblichen Eltern schrieb und um Hilfe bat.

In der Hauptverhandlung vor der Großen Strafkammer des Landgerichts Freiburg im Januar 1933 glaubte man Hummel, daß er eigentlich nur eine Fahrkarte nach Freiburg hatte haben wollen und keineswegs die Absicht gehabt hatte, als letzter Heimkehrer in das Scheinwerferlicht der Öffentlichkeit zu kommen. Es war sein Verhängnis, daß der ehemalige Feldwebel Schlageter schon ab Chiasso neben ihm gesessen hatte; es wurde nachgewiesen, daß Hummel beim Halt des Zuges in Müllheim versucht hatte, sich aus dem Zug zu stehlen und davon zu machen, daß er aber von seinen Kameraden schon auf dem Gang zurückgehalten worden war. Man hatte seine scheinbare Verwirrung der Erschöpfung und Krankheit zugeschrieben. Auch in der ersten Nacht in Endingen hatte Daubmann aus dem Hause fliehen wollen, aber die Mutter hatte seine Kleider weggenommen, um sie zu waschen. Die Fragen nach den Örtlichkeiten in Endingen hatte er beantworten können, weil ein Onkel von ihm in Endingen gewohnt hatte, bei dem er früher öfters zu Besuch gewesen war. Das Wissen über Afrika hatte er sich aus dem Studium von Landkarten und Lexika erworben. Als Junge war er zwei Jahre in Endingen zur Schule gegangen und hatte oft mit dem echten Oskar Daubmann gespielt, der nur ein Jahr älter gewesen war als er. Über das Leben in Gefängnissen konnte er aus eigener Anschauung genau berichten. Ein Arzt bescheinigte ihm eine besondere Fähigkeit, andere Menschen suggestiv zu beeinflussen. Im übrigen war ihm die fast kritiklose Leichtgläubigkeit vieler Menschen, verbunden mit einer heute nicht mehr verständlichen patriotischen Emotionalität, gerade in bezug auf den traditionellen Erzfeind Frankreich, zu Hilfe gekommen. Der materielle Schaden, den Hummel angerichtet hatte, hielt sich in Grenzen. Geld und Geschenke hatte man ihm meistens aufgedrängt, und im Ganzen war er also mehr ein Getriebener als ein Treibender gewesen.

Unter Berücksichtigung aller mildernden Umstände wurde Karl Josef Hummel zu einer Gesamtgefängnisstrafe von 2 Jahren und 6 Monaten verurteilt.

Als am 30. Januar 1933 die Nationalsozialisten zur Macht kamen, nahmen sie es Hummel sehr übel, daß er mit den nationalen Gefühlen der Deutschen und mit der Ehre der Soldaten gespielt hatte. Als dann auch noch bekannt wurde, daß sein Schicksal in einem Hollywood-Film dargestellt werden sollte, wurde er kurzerhand in Sicherungsverwahrung genommen, in der er sich als Schneider betätigte und den Krieg in Sicherheit überlebte. Seine Frau hatte sich von ihm scheiden lassen. 1946 heiratete er wieder, lebte bis 1954 als Schneidermeister in einer Stadt Württembergs und beging keine neuen Straftaten. Seine verheiratete Schwester sagte mir einmal, er sei eigentlich ein guter Kerl und vor allem ein guter Schneider gewesen.

Der Fall Daubmann/Hummel war kein Einzelfall; auch nach dem Zweiten Weltkrieg gab es eine Reihe von falschen Heimkehrern, keiner von ihnen erregte indessen ein derartiges Aufsehen, wie es 1932 der falsche Oskar Daubmann verursacht hatte, auch nicht der nun folgende Fall des doppelten Heimkehrers.

Der doppelte Heimkehrer

Im April 1947 wurde ein Kriegsgefangener, ein ehemaliger Unteroffizier der deutschen Wehrmacht – wir wollen ihn Christian nennen –, aus dem französischen Durchgangslager Tuttlingen entlassen. Da er im Herbst 1944 als Soldat in einem Dorf im Breisgau im Quartier gelegen und sich mit seinen Quartierleuten gut verstanden hatte, kehrte er in dieses Dorf zurück, zumal der Aufenthalt auf dem Lande damals nahrhaft war; die Währungsreform kam erst ein Jahr später.

Christian wurde freundlich aufgenommen und arbeitete mit der Familie, bei der er wohnte, in der Landwirtschaft. Einige Zeit später lernte er das Mädchen Christa kennen und verliebte sich heftig in sie. Das sehr innige Verhältnis konnte von der Familie Christas und der dörflichen Umgebung nur als Brautstand aufgefaßt werden, und Christa drängte immer energischer auf Heirat und drohte dem zögernden Christian schließlich sogar mit Selbstmord. Für Christian gab es jedoch einige Hindernisse; beispielsweise hatte er keine Personalpapiere mehr, was damals nicht weiter auffällig war, weil es Tausenden anderer entlassener Soldaten, Flüchtlingen und Ausgebombten ebenso ging. Man riet Christian, zu einem Notar zu gehen, und vor diesem gab er dann „im vollen Bewußtsein der Bedeutung und der strafrechtlichen Folgen einer falschen eidesstattlichen Erklärung nach bestem Wissen an Eidesstatt" an, er sei am 8.1.1910 in Köln geboren, er sei von Jugend auf römisch-katholischer Religion und sei ledig. Er fügte hinzu, daß er seit 1934 seinen Wohnsitz in Brockau bei Breslau gehabt habe, und er habe diesen Wohnsitz während seiner Zugehörigkeit zur Wehrmacht nicht aufgegeben. Einen Nachweis vom Standesamt Brockau könne er nun nicht mehr erlangen, da Brockau nicht mehr deutsch sei.

Daraufhin nun schlossen Christian und Christa im April 1949 die Ehe; beide arbeiteten gemeinsam in einer Fabrik und lebten nach dem Urteil ihrer Umgebung und nach eigenen Bekundungen harmonisch zusammen. Als sie in die USA auswandern wollten, gelang es Christian indessen trotz wiederholter Bemühungen angeblich nicht, eine Geburtsurkunde zu beschaffen; er erzählte immer wieder, die Geburtsregister in Köln seien durch Bombenangriffe vernichtet worden. Im Laufe der Zeit kam der Ehefrau einiges an ihrem Mann verdächtig vor, worauf sich ihr Schwager an die Kölner Kriminalpolizei wandte. Im Laufe der Ermittlungen wurde Christian von der Badischen Gendarmerie ausführlich vernommen, wobei er einen sehr sicheren und überzeugenden Eindruck machte. Zwei Tage später, am 17. 3. 1951, verließ er seine Frau, um nach Köln zu fahren, wo er sich nunmehr, wie er ihr versprach, persönlich um die Geburtsurkunde kümmern werde. In der folgenden Zeit schickte er noch einige Postkarten, in denen er Erfolge seiner Bemühungen und baldige Rückkehr ankündigte, dann hörte man nichts mehr von ihm. Polizei und Staatsanwaltschaft ermittelten weiter; es war eine sehr mühselige Suche nach der Vergangenheit Christians. Die ihre Geschäfte abwickelnde Deutsche Dienststelle für die Benachrichtigung der nächsten Angehörigen von Gefallenen der ehemaligen deutschen Wehrmacht in Berlin wurde eingeschaltet; ohne genaue Einheitsbezeichnungen oder Feldpostnummern war jedoch keine Klarheit zu erhalten. In seiner Wohnung hatte Christian sein altes Soldbuch hinterlassen, dessen erste Seiten mit den Personalangaben indessen herausgerissen waren. Auf den hinteren Seiten fanden sich einige Rundstempel mit Feldpostnummern, die aber nicht zu entziffern waren. Schließlich ermittelte man eine Bekannte von Christian, der er noch während des Krieges einen Brief geschrieben hatte, und auf dem noch vorhandenen Briefumschlag stand eine klar zu entziffernde Feldpostnummer. Nun kam der große Durchbruch, und die Dienststelle der ehemaligen Wehrmacht teilte mit, einen Christian W. in ihren Listen zu haben;

als Angehörige war eine Paula W. vermerkt, wohnhaft in einem Dorf in der Eifel. In einer anderen Liste war eine Änderung der Heimatanschrift eingetragen, und zwar war dort als Braut eine H. L. in Brockau bei Breslau genannt. Der Stein war ins Rollen gekommen, und am 21. 2. 1952 wurde Christian in seinem Heimatdorf in der Eifel auf seiner Arbeitsstelle verhaftet.

Es stellte sich heraus, daß er am 17. 3. 1951 von Freiburg aus direkt nach Hause gefahren und von Ehefrau, Töchtern und Bruder mit überströmender Herzlichkeit als Spätheimkehrer willkommen geheißen worden war. Natürlich hatte man ihn gefragt, woher er so spät komme, und er hatte keine andere Antwort gewußt als die, er sei von den Franzosen in der Kriegsgefangenschaft zur Fremdenlegion gepreßt worden, sei in Indochina gewesen und habe im Dschungelkrieg Unglaubliches geleistet, Unmenschliches erlebt und Unsagbares gelitten. Reporter der Lokalpresse hörten von dieser bemerkenswerten Heimkehr, und Christians Erlebnisse wurden unter Schlagzeilen in einer Fortsetzungsreihe veröffentlicht. Da hieß es z. B.:

„Wir beginnen heute mit einer Artikelfolge, in der wir über die Odyssee Christian W.'s berichten, vom Tage seiner Gefangennahme bis zur glücklichen Heimkehr vor einigen Tagen. Christian kam nach fast neunjähriger Abwesenheit am vergangenen Samstag in seinen Eifler Heimatort zurück, nachdem er Jahre der Verzweiflung und des Schreckens in dem sumpfigen Dschungel Indochinas hinter sich gebracht hatte".

„Mit 40° Fieber im unbarmherzigen Dschungeleinsatz. Christian weiß nicht mehr, wie es weitergehen soll, er kann sich kaum noch aufrecht halten, aber es muß weitergehen! Wer liegenbleibt, verendet wie ein Tier im Dschungel oder Sumpf, oder wird von den Bestien Ho-Chi-Minh's massakriert. Verwundete gibt es ebenso wenig wie Gefangene. Wer dem Feind in die Hände fällt, stirbt eines jämmerlichen Todes. Auch Christians Kumpel findet so sein Ende. Wie

Christian selbst fast im Sumpf erstickt wäre, welch' grauenvoller Tod die gefangenen Legionäre erwartete, und wie Christian seine drei Jahre Indochina-Einsatz dennoch überstand, lesen Sie in der nächsten Folge unserer Artikel-Serie: ,Von Indochina in die Eifel – ich kämpfte als Legionär gegen die Bestien Ho-Chi-Minh's.'"

„Wie die Affen hingen die Asiaten versteckt in den Bäumen und lauerten uns auf, gegen Indochina war der Rußland-Krieg ein Kinderspiel".

„Nach dem dritten Einsatzjahr in Indochina kam Christian mit einigen Kameraden zur Erholung nach Paris. Schmerzhaft überkam ihn ein unüberwindliches Heimweh. Er dachte an Frau und Kinder, an seine Mutter – ob sie noch leben? Mit einem Badener Kameraden trat Christian vor kaum drei Wochen den abenteuerlichen Heimweg an, und was er nicht mehr zu glauben gewagt hatte, trat ein: er fand seine Frau, seine Kinder und seine Mutter wieder. Darüber berichten wir in der nächsten und letzten Folge unserer Artikel-Serie".

Dieselbe Zeitung nannte ihn dann im März 1952 einen „Lügenbaron". Man erinnerte sich, daß der ganze Ort an dem Ereignis der freudigen Heimkehr teilgenommen hatte. Christian habe damals mit Tränen in den Augen von seinem Leidensweg erzählt, „und wir hätten es geradezu als Frevel empfunden, wenn uns damals einer gesagt hätte, daß all das, was der weinende Christian uns erzählte, gelogen sei". Paula W. gab später in einer richterlichen Vernehmung ihren eigenen Kommentar zu dieser Artikelserie: „Ich möchte noch hinzufügen, daß mein Mann solche Angebereien wie die Berichte aus der Fremdenlegion normalerweise noch nie gemacht hat. Die Reporter ließen ihm keine Ruhe, sie fragten ihn kreuz und quer. Einer ließ gleich eine Flasche Schnaps holen und ordentlich Zigaretten, und dann wurde losgelegt mit Trinken und Erzählen. Mein Mann war still und fleißig und machte aus sich gar nichts her. Wir haben ihn erstmal ganz gehörig aufpäppeln müssen, da er völlig unterernährt hier ankam". Damit machte Paula bei dieser Gelegenheit aktenkundig und stellte ganz klar, daß die Ehefrau Nr. 2 offensichtlich nicht in der Lage gewesen war, den gemeinsamen Ehemann ordentlich zu ernähren. Es verdient noch festgehalten zu werden, daß die Zeitung dem der „Hölle von Indochina Entkommenen" nicht einen Pfennig Honorar gezahlt hatte.

Am 17.3.1952 wurde Christian W. nach Freiburg transportiert oder ‚verschubt', wie es offiziell heißt; der Bahntransport ging über Mainz, Ludwigshafen, Mannheim und Karlsruhe, dauerte genau neun Tage und kostete den Staat 96 Mark.

Während Christian in Freiburg in Untersuchungshaft saß und auf seinen Prozeß wartete, schrieb Paula ein „Bittgesuch an die Herren der Staatsanwaltschaft: Da ich meinem Mann alles verzeihe, wo hauptsächlich der elende Krieg die größte Schuld trägt, bitte ich doch höflichst die Herren vom Gericht, die Sache meines Mannes bald zu erledigen. Ich möchte gern mit meinem Mann das Leben wieder beginnen, das wir vor dem Kriege geführt haben. Selbst bin ich sehr herzleidend und benötige meinen Mann dringend. Ich als Gattin bitte höflichst für meinen Gatten, meine Kinder für ihren Vater die Herren Geschworenen um ein gnädiges Urteil".

Paula wurde vom zuständigen Richter eingehend vernommen. Sie und Christian hatten 1934 geheiratet und hatten zwei Töchter. Bei Kriegsausbruch wurde Christian eingezogen und hatte seine Familie während des Krieges mehrfach im Urlaub besucht und auch regelmäßig geschrieben. „Seit 1945 habe ich dann nichts mehr gehört, ich habe dann Suchkarten ausgefüllt und Heimkehrer befragt – alles ohne Erfolg". Nach seiner Rückkehr in die Eifel arbeitete Christian überaus fleißig. Er arbeitete von allen Sonntagen im Monat nur einen nicht. Nur war er sehr nervös. Von der zweiten Ehe hat er zunächst nichts erzählt. Das war für mich natürlich ein böser Schlag. Aber ich habe mir die Sache so gedacht, daß er nur durch die Kriegserlebnisse so verstört ist, daß er mich und die Kinder vergessen hat. Infolgedessen habe ich ihm das auch verziehen und will unter die Sache ein für allemal einen Strich ziehen. Er wird von mir aus wegen dieser Angelegenheit nichts zu leiden haben."

In der Hauptverhandlung vor dem Freiburger Gericht sagte Christian aus, er habe während seiner Gefangenschaft über das Rote Kreuz nach Hause geschrieben, habe aber keine Antwort erhalten. Er habe daher angenommen, daß seine Familie in der Eifel nicht mehr am Leben sei. Während des Krieges habe er bis August 1944 mit seiner Familie in Verbindung gestanden, als er dann aber keine Nachricht mehr erhalten habe und die schweren Abwehrkämpfe im Westen getobt hätten, habe er seine Heimatanschrift nach Breslau umgeändert. Im übrigen habe er sich in die Gegend von Freiburg entlassen lassen, weil er sich in einer Freiburger Klinik dringend habe operieren lassen müssen. „Ich muß jedoch zugeben, daß ich nach meiner Entlassung aus der Gefangenschaft nie nach Hause geschrieben und angefragt habe, ob meine Frau und meine Kinder noch am Leben seien. Warum ich dies nicht tat, kann ich heute nicht mehr angeben. Auf jeden Fall ist es nicht so, daß die innere Bindung zu meiner Familie infolge der Kriegsverhältnisse verloren gegangen ist. Es war nicht meine Absicht, nie mehr nach Hause zu gehen".

Das Gericht glaubte Christian in dieser Beziehung offensichtlich nicht, denn in der Urteilsbegründung hieß es später, über den Beweggrund seiner Tat habe der Angeklagte eine befriedigende Erklärung nicht geben können. „Es scheint indessen, als ob der Angeklagte schon während des Krieges, wie dies vielfach bei Soldaten des letzten Krieges beobachtet wurde, die innere Bindung zu seiner Familie verloren hatte".

Christian wurde wegen Doppelehe zu einem Jahr Zuchthaus verurteilt. Zur Begründung führte das Gericht aus: „Das Verbrechen der Doppelehe rechnet in normalen Zeiten zu denjenigen Delikten, die die Gerichte relativ selten beschäftigen. Nach dem letzten Krieg war es indessen angesichts der bevölkerungspolitischen Ereignisse in Ostdeutschland und der vielfachen Flüchtlingsschicksale zu einer auffallenden Zeiterscheinung geworden… Das Interesse an einer ungeschmälerten Aufrechterhaltung der gesellschaftlichen und sittlichen Ordnung gebietet hiernach, dem Angeklagten die Strafe aufzuerlegen, die der Gesetzgeber für das Verbrechen der Doppelehe in erster Linie angedroht hat: die Zuchthausstrafe".

Vier Monate der Untersuchungshaft wurden auf die Strafe angerechnet. Die zweite Ehe Christians wurde vom Landgericht Freiburg für nichtig erklärt.

Das Echo aus der Eifel bestand in der „Höfliche(n) Anfrage. Möchte Sie im Interesse der Familie und der ganzen Dorfgemeinschaft bitten, uns in Kenntnis zu setzen, ob mein Bruder Christian vorläufig in Freiburg bleibt und ob er gegen sein hartes Urteil Berufung eingelegt hat".

Christian hatte dies nicht getan. Mit Wirkung vom 21. 12. 1952 wurde ihm aber die Reststrafe von 2 Monaten und 1 Woche zur Bewährung ausgesetzt und später erlassen.

Tatsächlich war das Delikt der Doppelehe in jenen Jahren nach dem Zweiten Weltkrieg eine häufiger als sonst vorkommende Zeiterscheinung. So stand 1959 z. B. ein Angeklagter vor einem Freiburger Gericht, der 1955 in der DDR geheiratet, seine Frau und Kinder jedoch verlassen hatte und in die Fremdenlegion gegangen war. Durch eine Zeitungsanzeige kam er mit einer anderen Frau in Verbindung und heiratete diese nach seiner Rückkehr aus der Fremdenlegion. Auch er erhielt ein Jahr Zuchthaus als Strafe.

Ein 29jähriger Ungar hatte gar drei Frauen in drei Ländern geheiratet. Die erste Frau hatte er 1944 in Budapest geheiratet, dann wurde er Soldat und kümmerte sich nicht mehr um seine Frau. Nachdem er einige Jahre in der Tschechoslowakei gearbeitet hatte, übersiedelte er nach Österreich, wo er in Wien als Berufsboxer auftrat. Vom amerikanischen Geheimdienst ließ er sich nach Linz bringen und schloß dort die Ehe mit einer Österreicherin; von dieser Frau hatte er ein Kind. Da seine Frau mit einem Jugoslawen anbandelte, setzte er sich nach Deutschland ab und heiratete 1953 in Freiburg zum dritten Mal. Vor dem Gericht gab er an, die Scheidung von der ersten Frau sei allzu schwierig und zu kostspielig gewesen, da sie inzwischen in Kanada lebte. Strafrechtlich hatte er das Glück, daß seine zweite Frau schon gestorben war, als er die dritte heiratete. Er erhielt in Anbetracht der Zeitverhältnisse nur die Mindeststrafe von 6 Monaten Gefängnis.

Die Zeiten waren damals für viele Menschen sehr schwer; wer sie selbst durchgemacht hat, wird verstehen, daß jemanden, insbesondere einen Soldaten, beim totalen Zusammenbruch 1945 das Gefühl absoluter Hilflosigkeit befallen konnte. Der Gedanke an einen vollständigen Neuanfang des Lebens lag nahe. Manchem schienen wohl die Schwierigkeiten des Wiederanknüpfens alter, vielleicht inzwischen gelockerter Beziehungen unüberwindlich. Es gab ja zunächst nicht einmal Postverbindungen, Reisen waren fast unmöglich, und die Ernährungslage war katastrophal. Für Christian lagen Freiburg und seine gesegnete Landschaft näher als die Eifel. Er war vorher niemals straffällig geworden und wird es wohl auch nachher nicht mehr geworden sein. Er wurde nur einmal aus der Bahn geworfen; wie seine Frau schrieb, war der „elende Krieg" schuld. Nach einem Strafrechtsreformgesetz von 1973 ist das Strafmaß für das Delikt der Doppelehe erheblich gesenkt worden. Heute können auch Geldstrafen verhängt werden, und die Zuchthausstrafe gibt es überhaupt nicht mehr.

Falsche Ärzte

Am 18. März 1946 trat der neue Chefarzt der chirurgischen Abteilung des Krankenhauses in Baden-Baden, Bauer, seine Stellung an. Er rief das Personal zusammen und hielt eine Rede, die allgemein Eindruck machte und hochgespannte Erwartungen auslöste. Bauer wies auf das Berufsethos des Arztes hin, verlangte Vertrauen für sich, erwartete einen guten Umgangston auf der Abteilung und forderte ein besonderes Verantwortungsgefühl gegenüber den Patienten. Im übrigen führte er den Ritus der sogenannten Chefvisite ein, bei der das gesamte medizinische Personal anwesend zu sein hatte. Die gute Stimmung unter dem Personal hielt indessen nicht lange an; Bauer ließ die beiden ersten Wochen verstreichen, ohne zu operieren, und sah bei Operationen lediglich zu. Bei den ersten eigenen Operationen erweckte er bald bei Assistenten und Schwestern den Eindruck, daß er wohl nicht viel Übung habe. Eine offensichtliche Unsicherheit und Zaghaftigkeit führte man auf seine lange Soldatenzeit und auf seine Verwundung zurück – Bauer hatte nur noch ein Bein. Den Operationsschwestern fiel aber vor allem seine Handhabung der Instrumente auf und daß er ohne Mundschutz in Wunden hineinsprach. Assistenten lenkte er durch vieles Reden, durch unpassende Witze und Examensfragen ab. Daneben aber führte Bauer auch Operationen zur vollen Zufriedenheit aller Beteiligten durch. Den einzigen wirklich qualifizierten Assistenzarzt des Krankenhauses schaltete er dadurch aus, daß er einen Streit mit ihm provozierte und ihn dann fristlos entließ. Bauer war nunmehr unumschränkter Herrscher auf seiner Abteilung und von außen durch die maßgebenden Ärzte Baden-Badens und die Stadtverwaltung gedeckt.

Zwei Frauen war es vor allem zu danken, daß Bauer nicht weiter „wursteln" konnte – wie sie es nannten. Es waren die zwei Operationsschwestern, die Bauer zuerst am Operationstisch Vorwürfe gemacht und dann ihre Bedenken dem Verwalter des Krankenhauses vorgetragen hatten, dem selbst schon der zwei- bis dreimal größere Verbrauch an Medikamenten und Material aufgefallen war, seit Bauer die Abteilung übernommen hatte. Die Schwestern hatten es als besonders unschicklich empfunden, daß Bauer fremden Personen die Anwesenheit bei Operationen gestattet hatte und daß bei dieser Gelegenheit sogar Photoaufnahmen gemacht worden waren.

Den Patienten gegenüber verhielt sich Bauer „burschikos"; so setzte er sich einmal bei einer Patientin auf den Bettrand mit den Worten „Na, komm, gib' mir mal einen Kuß". Diese und ähnliche Beschwerden – das Verhalten Bauers war allmählich zum Stadtgespräch geworden, und die Einweisungen in das Krankenhaus hatten beträchtlich nachgelassen – gelangten zwar bis zum Oberbürgermeister, wurden aber von diesem immer wieder zur Nachprüfung an den Arzt Dr. L. weitergeleitet, der sich durch nichts erschüttern ließ und nur äußerte, wenn ihm selber etwas zustoße, so werde er sich ohne Sorgen auf Bauers Operationstisch legen. Dem allen wurde schließlich durch den entlassenen Assistenzarzt ein Ende gemacht, denn diesem war es gelungen herauszufinden, daß der Lebenslauf Bauers falsch war. Bauer wurde daraufhin im Dezember 1946 verhaftet. Wer aber war er nun wirklich?

Bauer wurde 1905 in Remscheid geboren. Nach dem Abitur 1926 studierte er in Heidelberg Medizin. Er trat der Burschenschaft Frankonia bei und war auch einige Zeit Vorsitzender des AStA. Zu einer Verkehrsdame seiner Korporation knüpfte er nähere Beziehungen an, die nicht ohne Folgen blieben. Er wurde zur Heirat veranlaßt, die 1929 in Freiburg stattfand. Noch am Hochzeitstag verließ er seine Frau und sah sie nie wieder. Die Ehe wurde 1931 geschieden. Bauer setzte sein Studium in Leipzig fort und behauptete später, er habe dort sein Physikum gemacht, was aber unwahrscheinlich ist, da er sich zu einem der Hauptprüfungsfächer nicht gemeldet hatte. Schon in diese Zeit fällt ein Disziplinarverfahren wegen unberechtigten Führens des Doktortitels. Die weiteren Stationen des Studiums von Bauer sind gekennzeichnet durch Schuldenmachen, Verlobungen und die Geburten unehelicher Kinder. Von 1934 bis 1938 war er Repetitor in Kiel. 1939 wurde er in Kiel wegen fünf vollendeten Abtreibungen und wegen fortgesetzten Betruges in zwei Fällen zu einer Gefängnisstrafe von 3 Jahren und 6 Monaten verurteilt. Nach der Verbüßung seiner Strafe wurde er zur Wehrmacht eingezogen und heiratete 1943 in Neumünster, wobei er sich wiederum als Arzt und Doktor der Medizin ausgab. Von den Jahren des Krieges ist zu berichten, daß es ihm mit verblüffender Geschicklichkeit gelang, immer wieder als Arzt eingesetzt zu werden, obwohl er mehrfach wegen falscher Titelführung bestraft oder wegen mangelnder Qualifikation versetzt wurde. Im Februar 1945 wurde Bauer schwer verwundet, und das linke Bein mußte abgenommen werden. Bei Kriegsende wurde sein Lazarett in Tübingen aufgelöst, und durch die Vermittlung des Roten Kreuzes fand Bauer Unterkunft im Hause eines Bürgermeisters. Bald schon tummelte er sich wieder in den sogenannten besseren Kreisen der Stadt, wo er sich als Arzt und Dozent ausgab und auch verlobte. Die Verbindung zu seiner Ehefrau hatte er schon kurz nach der Heirat abbrechen lassen, und 1947 wurde diese Ehe geschieden. Von Tübingen aus bewarb sich Bauer nun um die Chefarztstelle in Baden-Baden.

In der Hauptverhandlung gegen Bauer, die vom Schwurgericht Offenburg 1948 in Baden-Baden durchgeführt wurde, kamen jene Vorgänge zur Sprache, die zur Anstellung von Bauer als Chefarzt geführt hatten. Zusammen mit seiner Bewerbung hatte er einen Lebenslauf eingereicht, in dem außer seiner Verwundung, seinem Geburtstag und seinem Aufenthalt in Tübingen alles falsch war. Schon stilistisch und orthographisch hätte dieser Lebenslauf auffallen müssen. Dennoch wurde aus fünfzig Bewerbungen diejenige Bauers schließlich ausgewählt, und er wurde zur Vorstellung aufgefordert, bei der er auf die für die Einstellung verantwortlichen Ärzte einen tadellosen Eindruck machte. Nur ein einziger Arzt fragte ihn nach seinen Zeugnissen, worauf er antwortete, daß er alles verloren habe, da er völlig ausgebombt sei. Als der Arzt anregte, man solle an Bauers angeblichen früheren Chef in Kiel schreiben, redete Bauer ihm dies aus. In der späteren Hauptverhandlung begründete jener Arzt seine Untätigkeit mit der kaum zu glaubenden Entschuldigung, daß ohnehin nicht mit einer Antwort zu rechnen gewesen sei, da Kiel ja in der Ostzone liege. Im übrigen schob einer der Verantwortlichen die Schuld auf den anderen; der damalige Oberbürgermeister sagte in der Hauptverhandlung wörtlich: „Wir sind alle Akademiker; außerdem machte Bauer einen guten Eindruck und hatte einen Schmiß, so mußte ich seine Angaben für wahr halten". Bedenken gegen Bauer hatte man nur erhoben, weil er vielleicht wegen seiner Beinamputation beim Operieren behindert sein könne. Das Gericht bescheinigte den verantwortlichen Ärzten, sie hätten „recht fahrlässig" und in „völlig unverständlicher Oberflächlichkeit" gehandelt und eine „ungeheuer große Schuld" auf sich geladen. Die Folgen von Bauers Tätigkeit waren auch sehr schwere. In vielen Fällen wurden ihm Behandlungs- und Operationsfehler vorgeworfen und auch teilweise nachgewiesen; so führten durch seine Fehler zwei Kropfoperationen mit an Sicherheit grenzender Wahrscheinlichkeit zum Tode der Patienten. Bauer wehrte sich in der Hauptverhandlung mit völliger Uneinsichtigkeit gegen alle Vorwürfe; es sei, so sagte er sogar, eine Gemeinheit, ihm vorzuwerfen, er habe falsch operiert, er habe keine Kritik zu scheuen. Auf die Anklage, er habe ungefähr 38 300 Mark unberechtigt bezogen, antwortete er, er habe dafür seine Arbeit getan. Das Gericht bescheinigte ihm hemmungslose Geltungssucht; schon während seiner ärztlichen Tätigkeit hatte er sich als „Meister der Knochen" bezeichnet. In seiner Arroganz und Skrupellosigkeit hatte er z. B. bei einem Todesfall während einer Operation von „Betriebsunkosten" gesprochen. Das Gericht verurteilte Bauer u. a. wegen 233 Fällen der gefährlichen Körperverletzung und zwei Fällen der Körperverletzung mit Todesfolge zu 8 Jahren Zuchthaus und 5 Jahren Verlust der bürgerlichen Ehrenrechte. 1954 wurde er aus der Haft entlassen.

Man darf nicht übersehen, daß der Fall Bauer auch ein Fall seiner Zeit war. Baden-Baden brauchte, nachdem drei Chefärzte wegen nationalsozialistischer Belastung entlassen worden waren, dringend neue, unbelastete Ärzte. Rundum im Lande herrschte das Chaos; Post und Eisenbahn waren nicht oder nur unvollkommen im Betrieb, viele Menschen hatten alles und auch ihre Befähigungsnachweise verloren. Bauer hatte zudem auf alle, denen er sich vorstellte, einen glänzenden Eindruck gemacht, der durch seine Verwundung noch verstärkt wurde. Er genoß das natürliche Ansehen eines Arztes, der ja auch heute noch ein sehr hohes Sozialprestige hat; er übte eine selbstverständliche Autorität in der gewohnten Hierarchie seines Berufes aus und herrschte über geduldige Patienten und gehorsame Untergebene. Man mag sich fragen, warum er nicht früher aufhörte, sondern seine Entlarvung langsam auf sich zukommen sah und zukommen ließ. Als Erklärung mag dienen, daß derjenige, dem es so leicht gelingt, Menschen zu täuschen, allmählich so selbstsicher und unvorsichtig wird, daß er Anzeichen von Gefahr übersieht oder nicht wahrhaben will. Außerdem gibt man eine einmal erlangte und in jeder Beziehung gute Stellung nicht gerne freiwillig auf.

Bauer blieb in jenen Jahren nicht der einzige falsche Arzt; in der Kriegszeit hatten sich viele Soldaten im Sanitätsdienst medizinische Kenntnisse erworben, und viele Studenten hatten die Gelegenheit erhalten, während des Krieges ein Medizinstudium anzutreten oder fortzusetzen, ohne daß sie bis zum Kriegsende Gelegenheit gehabt hätten, ein Examen abzulegen. Zwei dieser Fälle seien erwähnt: Ein 1923 im Sudetenland geborener Hitlerjugendführer wurde im Mai 1945 von den Tschechen zu 25 Jahren Straflager verurteilt und übte – notgedrungen – in diesem Straflager eine medizinische Tätigkeit aus, durch die er praktische Kenntnisse erlangte. Nach seiner Entlassung nach Westdeutschland bewarb er sich mit gefälschten Urkunden um Arztstellen und war schließlich von 1953 an vierzehn Jahre lang Chef eines Krankenhauses in Berlin. Dort entfaltete er eine überaus eindrucksvolle Aktivität, bildete über zwanzig Assistenzärzte aus, schrieb Artikel für Fachzeitschriften, hielt Vorträge und veranstaltete Fortbildungskurse; seine Klinik wurde von Ärzten aus aller Welt besucht. Daneben übte er noch eine Reihe von anderen Aktivitäten aus und war Abgeordneter im Berliner Abgeordnetenhaus.

1957 endete in Schwerin die Karriere eines Berufslosen, der zehn Jahre lang als Amtsarzt in Mecklenburg gearbeitet hatte. Er hatte niemals Medizin studiert, war aber während des Krieges Sanitätsfeldwebel gewesen. Ein Zufall hatte ihn zum Arzt gemacht; als er Vater eines Jungen wurde, trug die Hebamme in den Geburtsschein versehentlich als den Beruf des Vaters ‚Arzt' ein. Mit diesem „Dokument" begann er seine Laufbahn, war Arzt in einem Flüchtlingslager und dann Seuchenarzt in Greifswald, wo unter seiner Leitung eine Epidemie eingedämmt werden konnte. Später war er Kreisarzt und trat als medizinischer Sachverständiger vor Gericht auf. Als er sich schließlich für den Posten eines Chefarztes in Ostberlin bewarb, wurde er entlarvt.

Zugunsten der Anstellungsbeträger der Nachkriegszeit muß man berücksichtigen, daß die Stunde Null des Jahres 1945 für viele Menschen sicher eine große Versuchung war, nun nach vielen Kriegsjahren, die für die Ausbildung verloren waren, einen neuen Anfang auf neuer Ebene zu machen, um die verlorene Zeit zu kompensieren. Aus der damaligen Sicht bestand dieser neue Anfang nur in einem „kleinen" Schritt, wie beispielsweise in der Anfertigung eines oder mehrerer Examensdokumente, und es war damals kaum vorauszusehen, daß in wenigen Jahren Karteien und Archive einer Bundesrepublik wieder in der Lage sein würden, exakte Auskünfte zu erteilen. Da die Soldbücher vieler Soldaten vernichtet waren und die Besatzungsbehörden bei der Entlassung aus der Kriegsgefangenschaft häufig Entlassungsscheine auf gewünschte Namen ausstellten, war es relativ leicht, in neue Rollen zu schlüpfen und dann allmählich mit eidesstattlichen Erklärungen fast jedes angeblich fehlende Dokument zu ersetzen.

Unter den Anstellungsbetrügern aller Sparten und aller Zeiten gab es und gibt es selbstverständlich große Unterschiede; es gibt diejenigen, die sich nur das Examen erschwindeln, gute Fachkenntnisse haben und den Beruf ohne Fehler und Tadel ausüben und nie mehr ein Gesetz übertreten. Daneben gibt es diejenigen, die in der erlangten Stellung verantwortungslos handeln wie der falsche Chefarzt von Baden-Baden; weiter ist an diejenigen zu denken, die „nicht genug kriegen können", weiterhin Betrügereien begehen und sich um eine bessere Stellung bewerben – mancher wäre wohl nie entlarvt worden, hätte er nicht soviel Ehrgeiz gezeigt. Und schließlich gibt es jene Betrüger, die sich gar nicht erst als Akademiker anstellen lassen, sondern in der angenommenen Rolle von Ärzten, Juristen oder Theologen andere Menschen betrügen.

Wieviel falsche Ärzte heute tätig sind, ist unbekannt; es werden jedenfalls immer wieder welche entlarvt. So lernte ein Bäcker aus Passau eine junge Österreicherin in Linz kennen, die Ärztin war, ihm von ihrer Arbeit vorschwärmte und ihm Lehrbücher der Chirurgie lieh. Der Bäcker bewarb sich beim Linzer Krankenhaus als Arzt und wurde ohne lange Überprüfung von Zeugnissen eingestellt. In den zwei Monaten seiner Tätigkeit nahm er vier Blinddarm- und sechs Bruchoperationen vor, die alle erfolgreich verliefen. Er wurde entlarvt, als er in einem Kassengutachten die Symptome einer Gelenkentzündung mit denen einer Miniskus-Verletzung verwechselte.

1974 wurde in Nordhessen ein falscher Arzt entdeckt; er hatte 15 Monate lang Urlaubsvertretungen gemacht und an insgesamt 300 Tagen rund 9000 Patienten behandelt, von denen sich weder vor noch nach seiner Entlarvung jemand beklagte. Bei der Übernahme von Urlaubsvertretungen hatte ihn keiner der Ärzte je nach einer Urkunde gefragt.

In Göttingen lernte ein Arzt 1970 einen Medizinstudenten kennen, der sich durch Sitzwachen in einer Klinik etwas Geld verdiente. Im Februar 1976 kam der ehemalige Student zu diesem Arzt und erklärte, er sei jetzt approbierter Arzt und suche Arbeit. Er wurde daraufhin ohne weiteres eingestellt, verrichtete seine Arbeit zur vollen Zufriedenheit und war bei den Patienten sehr beliebt. Tatsächlich hatte er jedoch nie ein Examen abgelegt.

Frauen sind bisher offensichtlich als falsche Akademikerinnen nur selten aufgetreten; 1977 wurde in Regensburg eine falsche Ärztin entlarvt; sie war Heilpraktikerin, hatte sich mit dem Doktortitel einer angeblichen amerikanischen Universität geschmückt und war drei Monate lang als Aushilfsärztin tätig gewesen.

In Säckingen arbeitete und operierte ein ehemaliger Sonderschüler und späterer Chemiewerker ein Jahr lang im Kreiskrankenhaus zur Zufriedenheit seiner Kollegen. Durch einen anonymen Brief wurde er 1978 entlarvt und setzte sich mit seiner indonesischen Ehefrau nach Taiwan ab. Er hinterließ 60 000 Mark Schulden und einige Examenszeugnisse, die nicht sehr geschickt gefälscht waren. Nach einem Aufenthalt in den USA wurde er Anfang 1983 in Edmonton, Kanada verhaftet. In der Hauptverhandlung vor dem Schöffengericht Waldshut-Tiengen ergab sich Folgendes: W. H. wurde 1949 in Lübeck geboren. Da sich seine Eltern alsbald trennten, wuchs er zusammen mit seinem Bruder bei seiner Mutter auf. 1963 wurde er aus der 6. Klasse einer Sonderschule entlassen. Während seiner Zeit bei der Bundeswehr war er etwa einen Monat lang zu einem Sanitätsbataillon abkommandiert. Die Bildungsprüfung an einer Unteroffiziersschule bestand er nicht, weil seine Leistungen in Deutsch, Geschichte, Geographie und Mathematik unterdurchschnittlich waren. Während eines Berlin-Aufenthaltes besuchte er einen Abendkurs, um die mittlere Reife nachzuholen, seine Leistungen waren jedoch zu schwach für einen Abschluß. Später besuchte er in Aachen als Gast Vorlesungen an der Technischen Hochschule, und es gelang ihm auf nicht bekannte Art und Weise, sich 1975 für die Fachrichtung Philosophie und Geschichte zu immatrikulieren. In dem Erfassungsbogen hatte er wahrheitswidrig angegeben, das Abitur im Abendgymnasium in Aachen abgelegt zu haben. Während dieser Zeit als Gasthörer hörte er auch medizinische Vorlesungen, allerdings konnte er am Klinikum nicht teilnehmen.

Während der Zeit der Immatrikulierung bezog er unberechtigterweise Bafög; in den Semesterferien arbeitete er zeitweilig als Hilfskrankenpfleger und fand Kontakt zu einem Zusammenschluß ostasiatischer Studenten. Dort lernte er seine spätere, aus Indonesien stammende Frau kennen, die er 1977 heiratete. Sie hatte 1976 in Aachen nach abgeschlossenem Medizinstudium ihre ärztliche Prüfung mit der Note „gut" bestanden, und hierfür war ihr ein Diplom ausgehändigt worden. Diesem Diplom war eine Bescheinigung über den Umfang und das Ergebnis der Prüfung angeschlossen. Ferner hatte sie eine vom Regierungspräsidenten in Köln ausgestellte Bescheinigung erhalten, daß sie am 13. September 1976 vor dem Ausschuß für die ärztliche Prüfung in Aachen mit dem Urteil „gut" bestanden habe und berechtigt sei, sich als Medizinalassistentin zu betätigen. H. bot Anfang März 1977 seiner Freundin an, diese Urkunden kostenlos fotokopieren zu lassen. Sie händigte ihm die Originale aus, und H. stellte eine größere Anzahl Fotokopien her und zweigte einige Ablichtungen für sich selbst ab. Bei den letzteren radierte er die Worte „Die Kandidatin", den Namen, Geburtsdatum und Geburtsort mit einer Rasierklinge aus. Dann stellte er von diesen Fotokopien weitere her und setzte in diese mit Maschinenschrift die eigenen Daten ein. Von diesen Exemplaren, den so „berichtigten" Fotokopien, stellte er weitere Exemplare her und ging dabei so geschickt zu Werke, daß auf den zuletzt hergestellten Fotokopien Radierungen und Neueintragungen nicht zu erkennen waren. Auf diese Weise hatte er Ablichtungen gewonnen, die den Eindruck erweckten, sie seien von auf seinen Namen ausgestellten Originalurkunden gefertigt worden.

Nun begab er sich zum Amt für Statistik und Einwohnermeldewesen der Stadt Gelsenkirchen, um die Übereinstimmung von Originalurkunden und Ablichtungen öffentlich beglaubigen zu lassen. Er legte die auf seine Freundin ausgestellten Originalurkunden und zur Beglaubigung eine größere Anzahl mit den Originalurkunden übereinstimmende Fotokopien vor. Zwischen diese Vielzahl der übereinstimmenden Fotokopien schob er zumindest jeweils eine der auf seinen Namen abgeänderten Fotokopien, und es gelang ihm tatsächlich auf diese Weise, die städtischen Angestellten zu täuschen, so daß sie die unterschobenen Fotokopien übersahen und durch ihre Unterschrift im Auftrag des Oberstadtdirektors der Stadt Gelsenkirchen die Übereinstimmung der Lichtbildabzüge mit den vorgelegten Urschriften bestätigten.

Im Mai 1977 stellte sich H. folgerichtig im St.-Bernhard-Hospital in Kamp Lintfort vor und bewarb sich um eine Stelle als Medizinalassistent. Er gab an, gerade sein medizinisches Staatsexamen abgelegt zu haben und versprach, die „Unterlagen" nachzureichen. Er erhielt die Assistentenstelle und versah diese ab dem 15. Mai 1977 während vier Wochen auf der Abteilung für Innere Medizin. Dann kündigte er zum 15. Juni 1977 mit der Begründung, er habe eine bessere Stelle gefunden; er stellte sich bei dem damaligen Chefarzt des Kreiskrankenhauses in Bad Säckingen vor und bewarb sich um eine Assistentenstelle auf der Abteilung für Chirurgie. Dabei wies er natürlich auf seine Tätigkeit als Assistenzarzt der inneren Abteilung des St.-Bernhard-Hospitals in Kamp Lintfort hin. Er wurde zum 1. Juli 1977 eingestellt und erhielt bis zum 6. Juli 1978, dem Tag, an dem ihm die weitere Tätigkeit verboten wurde, insgesamt rund 74 000 Mark (Gehalt plus Bereitschaftsdienst) an Bruttobezügen. In der Zeit seiner Tätigkeit als Medizinalassistent hat H. Wundversorgungen vorgenommen, Knochenbrüche eingerichtet, intravenöse Spritzen verabreicht, bei Operationen assistiert und selbst drei Blinddarmoperationen unter Assistenz des Chefarztes bzw. des Oberarztes vorgenommen; insgesamt behandelte H. über fünfhundert Patienten.

156

In der Hauptverhandlung stellte sich heraus, daß es bei H. mit der Rechtschreibung gehapert hatte, so hatte er schon im Bewerbungsschreiben „Medizinalassistänt" geschrieben. Aus den Aussagen der Ärzte ergab sich, daß H. etwa soviel medizinische Kenntnisse gezeigt hatte wie jemand, der einen Kurs in Erster Hilfe absolviert hat. Der Chefarzt, auf das Verhalten seines jungen „Kollegen" angesprochen, sagte: „Ich muß zugeben, ich habe schon welche gehabt, die waren noch viel unbedarfter", und das waren echte Mediziner gewesen.

H. wurde zu einer Gesamtfreiheitsstrafe von einem Jahr und 8 Monaten verurteilt. Das Gericht verkannte nicht, daß H. „das Erreichen der Beglaubigungsvermerke auf den Ablichtungen relativ leicht gemacht wurde. Desgleichen muß man wohl davon ausgehen, daß der Ausbildungsstand der von den Universitäten an die Krankenhäuser kommenden Jungärzte – zumindest was die praktische Medizin angeht – doch recht bescheiden zu sein scheint".

Die Schlagzeile im Prozeßbericht der „Badischen Zeitung" lautete deshalb – nicht überraschend – „Keinem war der falsche Doktor aufgefallen".

Heiratsschwindler

Anfang 1962 gab die damals 39jährige ledige Bauerntochter Walburga eine Heiratsanzeige in ihrem Kirchenblatt auf. Schon bald erhielt Walburga einige Zuschriften, von denen ihr die eines gewissen Josef ganz besonders gefiel, weil der Absender eine so schöne Handschrift hatte. Walburga nahm die Verbindung auf und erhielt kurze Zeit später eine Antwort: Josef schrieb, er sei ledig, habe die Mittelschule besucht und dann Tierfach gelernt. Er sei Bauer, und sein Vater sei 12 Jahre lang Bürgermeister gewesen. Erst in einem späteren Brief teilte Josef mit, daß er sich im Gefängnis befinde, da er wegen eines Verkehrsdeliktes bestraft worden sei. Walburga brach den Briefwechsel nicht ab, sondern teilte Josef mit, sie sei bereit, ihn zu heiraten. Vor seiner Entlassung erbat sich Josef von Walburga 200 Mark, da er durch die Umstände verhindert sei, von seiner Sparkasse Geld abzuheben.

Ende Januar 1963 traf Josef in der kleinen südbadischen Gemeinde ein, in der Walburga mit ihrer etwas älteren Schwester Rosa und ihrer verwitweten Mutter lebte. Da in der kleinen Landwirtschaft schon lange ein Mann fehlte, wurde Josef sofort in die Familie aufgenommen.

Am Morgen nach seiner Ankunft ging Josef zum Bürgermeister, um sich dort polizeilich anzumelden. Hierbei teilte er mit, er sei geschieden und habe sechs Kinder. Der Bürgermeister wies seine Anmeldung mit der Begründung zurück, Josefs Entlassungsschein aus dem Zuchthaus laute auf Freiburg. Der beunruhigte Bürgermeister rief dann noch bei seinem Kollegen am letzten Wohnort von Josef an und erfuhr, daß Josef 1920 als Voksdeutscher in Jugoslawien geboren worden war. Dort hatte er zunächst vier Jahre die Volksschule und dann zwei Jahre eine weiterführende Schule besucht. Bis 1938 arbeitete er in der Landwirtschaft seines Vaters, einen Beruf erlernte er nicht. 1938 wurde er zum serbischen Heer eingezogen und 1941 in die deutsche Wehrmacht übernommen. 1939 heiratete er, und aus dieser Ehe gingen sechs Kinder hervor. Während der letzten Zeit des Krieges hatte Josef in Berlin Kriegsgefangene bewacht. Aus amerikanischer Kriegsgefangenschaft entlassen, traf er seine Familie in der Nähe von Karlsruhe in einem Flüchtlingslager wieder. In den folgenden Jahren ging Josef niemals für längere Zeit einer geregelten Arbeit nach und wechselte auch häufig den Arbeitsplatz. 1954 wurde seine Ehe aus seinem Alleinverschulden wegen seiner Trunksucht geschieden. Zweimal war er in einer Trinkerheilanstalt gewesen. Seit 1950 war Josef insgesamt 19mal vorbestraft, davon allein 8mal wegen Rückfallbetruges, zuletzt mit einer Zuchthausstrafe von einem Jahr und 3 Monaten. Aus dem Zuchthaus hatte er nicht nur an Walburga geschrieben, sondern – vorsichtshalber – auch auf zwei andere Heiratsanzeigen geantwortet.

Am folgenden Tage sprach Josef wiederum – diesmal in Begleitung von Walburga – beim Bürgermeister vor. Sie erklärten, so schnell wie möglich heiraten zu wollen, und dafür brauche Josef nun seine Anmeldebestätigung. Der Bürgermeister war indes fest entschlossen, Josef an seinem Ort nicht ansässig werden zu lassen, und er sagte ihm dies auch unverblümt und nannte ihn gar einen Strolch. Josef aber ließ sich nicht abspeisen und erfuhr bei verschiedenen Erkundungen, daß der Bürgermeister rechtlich verpflichtet sei, seine Anmeldung entgegenzunehmen. Er ging also wiederum zum Bürgermeister, und bei dieser Unterredung bezeichnete ihn dieser nun als „den größten Gauner nicht nur des badischen Ländles, sondern der ganzen Bundesrepublik"; daß er dies sei, habe ihm sein Kollege versichert.

Mittlerweile hatte sich die Nachricht von der Ankunft des „Zuchthäuslers", wie man ihn schon überall nannte, im ganzen Dorf verbreitet. Man machte Walburga und ihrer Familie Vorhaltungen, daß sie einen solchen Mann in ihrem Hause duldeten. Josef seinerseits tat wiederum nichts, um im Dorf einen guten Eindruck zu machen. Er bestellte zwar auf den Namen der drei Frauen einen Traktor für 15 000 Mark und erklärte auch, er werde eine Jagd pachten, aber das waren auch seine einzigen Aktivitäten. Er arbeitete nicht, saß meistens im Wirtshaus, trank viel und hielt großsprecherische Reden. Dabei zeigte er den anderen Gästen die Geldbeutel von Walburga und ihrer Mutter, aus denen er seine Zeche bezahlte.

Die Dorfbewohner nahmen auch zur Kenntnis, daß Josef und Walburga in derselben Kammer schliefen, als aber Josef von der Mutter hörte, daß nicht Walburga, sondern deren Schwester Rosa den Hof erben werde, schlief er sicherheitshalber auch mit Rosa und verlobte sich sofort mit ihr. Erstaunlicherweise nahm Walburga diese Kehrtwendung gelassen hin.

Auf wiederholte Aufforderungen hin bequemte sich Josef schließlich doch einmal zur Arbeit und half beim Schlachten. Während dieser Tätigkeit kam der hoch in den Siebzigern stehende Ortspfarrer in den Hof und überschüttete die drei Frauen mit Vorwürfen; er sagte ihnen, sie dürften alle nicht mehr in die Kirche kommen, wenn dieser Mann noch länger im Hause bliebe, sie dürften auch nicht mehr beichten und kommunizieren und würden später auch nicht kirchlich begraben. Als Josef, der bis dahin im Hause beschäftigt gewesen war, im Hof erschien, rief er Rosa zu: „Mach' das Hoftor zu" und fügte hinzu: „Auf Wiedersehen, Herr Pfarrer". Dieser regte sich über den, wie er es empfand, Hinauswurf derart auf, daß er Josef zurief: „Halt's Maul, Du Gauner!" Anschließend ging der Pfarrer, der in einem ähnlichen Fall schon schlechte Erfahrungen gemacht hatte, zu dem für die Freiwillige Feuerwehr zuständigen Bauern und klagte ihm, man müsse etwas unternehmen, damit dieser Josef aus dem Dorf verschwinde.

An einem der folgenden Tage machten Josef und Walburga einen Ausflug in die Umgebung, der Bürgermeister und der Pfarrer nutzten diese Gelegenheit und suchten die Mutter auf. Diese, von der früheren Drohung des Pfarrers beeindruckt, erklärte nun, sie fürchte sich vor Josef und wolle ihn auch aus dem Hause haben, sie habe aber nicht den

Mut, ihm dies selber zu sagen. Als Josef und Walburga am Abend von ihrem Ausflug zurückkehrten, gab es einen Streit mit der Mutter, die Josef schließlich eröffnete, er sei in ihrem Hause nicht länger erwünscht. Da Josef aber keinerlei Anstalten machte, das Haus zu verlassen, schickte die Mutter einen Boten zum Bürgermeister und bat um Hilfe. Schon kurze Zeit später näherte sich eine Art dörflicher Demonstrationszug von etwa fünfzig Personen; er kündigte sich durch Geschrei, Schreckschüsse und Trommelschläge an und machte vor dem Haus der drei Frauen halt. Rufe wurden laut, Josef solle herauskommen, und ans Hoftor wurde geschrieben „Verbrecher raus!" Am Dach des gegenüberliegenden Hauses hing plötzlich eine Puppe mit einem Plakat, auf dem geschrieben stand: „Schurke, Verbrecher, gehe fort, oder Du wirst eines Tages hängen so wie diese Puppe!"

Josef wurde es nunmehr klar, daß er gegen eine solche Übermacht nicht ankommen könne; er überwand seine Angst und verließ mit seinen Habseligkeiten das Haus. Die Menge umringte ihn sofort und brachte ihn zum Dorfplatz. Wenn er zwischendurch stehenblieb, half man entsprechend nach, ohne ihn jedoch zu schlagen. Josef machte sich mit Redensarten wie „Die dämliche Kröte hätte ich sowieso nicht geheiratet" Mut und stieg unter den drohenden Reden der Menge schließlich in ein Auto, mit dem er unter Begleitung von mehreren jungen Männern zur nächsten Bahnstation gefahren wurde. Man kaufte ihm eine Fahrkarte nach Karlsruhe und gab ihm noch 2 Mark Zehrgeld. Der verängstigte Mann tat, wie ihm geheißen.

In Karlsruhe versuchte er sofort, wieder zu Geld zu kommen, und erzählte einer von Mitleid überfließenden Sozialarbeiterin, wie die bösen Bauern seine Resozialisierung und die Gründung einer Familie verhindert hätten. Anschließend versuchte er sein Glück bei einer Frau im Kinzigtal, der er ebenfalls aus dem Zuchthaus geschrieben hatte. Er vergaß Walburga indessen nicht und schrieb ihr, einige der Bauern, die ihn vertrieben hätten, seien schlechter als er selber, der nur Geldstrafen bekommen habe, und er bat Walburga, ihn in Karlsruhe zu besuchen, aber Walburga war endgültig geheilt.

Im Oktober 1963 wurde Josef wegen mehrerer Betrügereien zu 3 Jahren Zuchthaus verurteilt.

Die Vertreibung aus dem Dorf hatte aber noch ein Nachspiel. Die Sozialarbeiterin hatte gegen Josefs Entführer Strafanzeige wegen Nötigung und Freiheitsberaubung erstattet. Von einem Schöffengericht wurden unter anderem der Bürgermeister, der Pfarrer und der Chef der Freiwilligen Feuerwehr zu Geldstrafen verurteilt. Der Feuerwehrchef und der Pfarrer legten gegen dieses Urteil Berufung ein, wobei ersterer geltend machte, er habe nur auf Anweisung des Pfarrers gehandelt, und der Pfarrer sei eben die unbestrittene Autorität des Dorfes. Das Berufungsgericht nahm ihm diese Argumentation ab und sprach ihn frei.

Der Pfarrer wies in der Berufungsverhandlung wie schon vorher eindringlich auf seine Rechte und Pflichten hin, und vom Erzbischöflichen Ordinariat in Freiburg wurde ihm bestätigt, daß er mit seiner Drohung, die Frauen von den Sakramenten auszuschließen, Recht getan habe. Das Berufungsgericht wertete die Worte des Pfarrers „Halt's Maul, Du Gauner" zwar als eine Beleidigung, aber der Pfarrer wurde für straffrei erklärt, da er von Josef ebenfalls beleidigt worden war. Zu guter Letzt versuchte Josef noch, eine Schadensersatzklage gegen den Bürgermeister und seine Helfer einzubringen, weil sie seine Resozialisierung verhindert hätten, erreichte jedoch nichts damit.

Der materielle Schaden, den Josef angerichtet hatte, hielt sich in Grenzen. In anderen Fällen von Heiratsschwindel war dieser Schaden aber weit größer, wie z. B. in dem Fall des blinden Heiratsschwindlers von Konstanz. Der 67jährige, 17mal vorbestrafte Fritz, der nie einen festen Beruf ausgeübt hatte, annoncierte 1971 von Meran aus in verschiedenen Zeitschriften: „Kriegsblinder Akademiker, Rechtsanwalt, 63 Jahre, mit Vermögen und Villa bei Meran, möchte charakterfeste Frau kennenlernen". Er erhielt zahlreiche Zuschriften, für deren Beantwortung er ein junges Mädchen engagierte. Diese Antworten hatten fast alle den gleichen Inhalt: „Herr Dr. Haese ist bereit, mit Ihnen die Ehe einzugehen. Er wohnt im Raum Meran – Kalterer See. Wenn Sie einverstanden sind, schließen Sie Ihre Angelegenheiten in Deutschland ab. Herr Haese ist Deutscher und besitzt eine neue Villa mit 1800 m² Land". Die meisten Briefe endeten folgendermaßen: „Ich erwarte Sie am soundsovielten in Meran am Bahnhof, zu erkennen an dunkler Brille, mit Blindenstock, mein Fahrer steht neben mir". Zahlreiche Frauen kamen nach Südtirol, um Fritz zu besuchen und kennenzulernen, und einige von ihnen hatten bereits in Deutschland in Erwartung der vorteilhaften Ehe ihren ganzen Haushalt aufgelöst. Unter verschiedenen Vorwänden und nicht ohne heftige Auseinandersetzungen veranlaßte Fritz die Frauen dann wieder zur Rückreise nach Deutschland. Bei einigen bestärkte er ihre Hoffnung auf Heirat und zeigte ihnen eine Villa, die angeblich ihm gehörte; diese Villa war noch nicht völlig ausgebaut, aber Fritz hatte als angeblicher Kaufinteressent den Eigentümer angeschrieben und von ihm die Schlüssel zur Besichtigung erhalten.

Die Opfer dieses Heiratsschwindlers, die Geld an ihn verloren, waren durchweg ältere, alleinstehende Frauen; sein letztes Opfer war eine 73jährige Frau aus Konstanz, mit der zusammen er eine Eigentumswohnung in der Schweiz erwerben wollte. Bei einer Vorsprache auf einem Sozialamt ließ sich Fritz eine Empfangsbestätigung über 120 000 Schweizer Franken ohne Unterschrift ausstellen und zeigte diese seinem Opfer mit der Bemerkung, es fehlten ihm nur noch 30 000 Franken. Er bat die Frau, ihm diese Restkaufsumme für vier Wochen zu leihen, und die gutgläubige Frau hob ihre gesamten Ersparnisse ab, mit denen ihr Zukünftiger dann verschwand.

Im Januar 1980 wurde in Freiburg ein 25jähriger Metzger- und Kochgeselle zu 3 Jahren Freiheitsstrafe verurteilt. Er hatte sich im Markgräflerland verschiedenen Mädchen gegenüber als amerikanischer Gastpilot beim Geschwader

„Immelmann" in Bremgarten ausgegeben. In einem Fall war der Termin für die Hochzeit schon festgesetzt, das Gasthaus schon ausgesucht, und die Einladungen waren verschickt. Unter den verschiedensten Vorwänden entzog sich „Mike" aber seinen Verpflichtungen und machte dennoch hohe Geldbeträge locker; so mußte er angeblich die Beerdigung eines Kameraden aus dem Vietnam-Krieg bezahlen, mußte plötzlich Verwandte in den USA besuchen, oder die Hochzeit mußte verschoben werden, weil seine Mutter angeblich vom Pferd gestürzt sei. Es wurde ihm schließlich zum Verhängnis, daß er in derselben Gegend allzuviele Bekanntschaften angeknüpft hatte. Aus der Untersuchungshaft heraus versuchte er schon bald wieder, neue Freundinnen zu finden. In der Hauptverhandlung beteuerte er „mit großen schwarzen Kinderaugen", es tue ihm leid, und er werde den Schaden wieder gutmachen. Keine der Freundinnen war auf den Gedanken gekommen, einmal in Bremgarten anzufragen, ob es den Gastpiloten Steve McCammon, genannt Mike, überhaupt gab.

Im Juni 1981 stand in Stuttgart ein Heiratsschwindler vor Gericht, der seine Opfer ebenfalls durch Anzeigen kennengelernt hatte. Schon nach kurzer Bekanntschaft hatte er immer von einer gemeinsamen Zukunft gesprochen, die allerdings durch nichts besser gefestigt werde als durch ein gemeinsames Kind. Auf diese Weise wurde er innerhalb von 15 Jahren Vater von 13 Kindern, die von 13 verschiedenen Frauen zur Welt gebracht wurden. Außerdem wurde er wohlhabend; man schätzt, daß er von seinen Bräuten zwischen 500 000 Mark und einer Million Mark erhielt.

Dieter stammte aus einer gutbürgerlichen Stuttgarter Familie, in der Schule waren seine Leistungen indessen so mangelhaft, daß er eine Sonderschule besuchen mußte. Mehrere angefangene Lehren schloß er nicht ab. Weil sein Bruder es zu akademischen Würden gebracht hatte, schämte er sich seines Versagens, er begann zu trinken und wurde zum Streuner. Als er etwa 25 Jahre alt war, fing er an, in Zeitungen des schwäbischen Raumes zu inserieren:

„Geschäftsmann, sympathische Erscheinung, sucht Lebensgefährtin zur gemeinsamen Zukunftsgestaltung. Frauen mit Kindern erwünscht". Dieter erhielt Hunderte von Antworten. Offiziell arbeitete er in einem kleinen Geschäft, in dem er Zeitungen, Schulhefte und Zigaretten verkaufte. Nach Feierabend wechselte er seine Rolle und fuhr bei seinen Bräuten in einem großen BMW vor. Jahrelang blieb er von der Polizei unbehelligt. Wenn eine Frau auf der Rückzahlung ihres Darlehens bestand und mit einer Anzeige drohte, nahm er eine neue Verbindung auf und zahlte mit neuem Geld alte Schulden zurück. Wurde er indessen allzusehr bedrängt und insbesondere an Heiratsversprechen erinnert, sagte er seiner Braut unter dem Siegel der tiefsten Verschwiegenheit, sein Schreibwarenladen sei nur Tarnung, in Wirklichkeit sei er Brigadegeneral des Militärischen Abschirmdienstes und müsse die nächsten vier Wochen in geheimen Einsatz gehen. Diese Ausrede funktionierte bis in den Herbst 1979, als eine betrogene Frau Anzeige erstattete und Dieter verhaftet wurde. In der Hauptverhandlung frappierte die erstaunliche Leichtgläubigkeit der betrogenen Frauen. Eine 45jährige Angestellte, die offensichtlich ihr Geld nicht so schnell herausrücken wollte, wurde von Dieter auf den Speicher eines Hauses geführt. Dort zeigte ihr der Mann ein Funkgerät, erzählte seine Geschichte vom Brigadegeneral und fügte hinzu: „Hier steuere ich meine Agenten und nehme ihre Berichte entgegen". Die Frau war beeindruckt und zahlte während eines Jahres über 29 000 Mark an Dieter. Insgesamt waren die Frauen ihrem Dieter nicht böse, und manche gaben sogar zu, daß sie an die mit ihm verbrachte Zeit gerne zurückdachten.

Nicht nur Frauen, sondern auch Männer können Opfer von Heiratsschwindlern werden; Ende 1974 erschien in vier angesehenen Tageszeitungen die folgende Heiratsanzeige: „Siglinde, 24 Jahre, dunkelbraun, sehr hübsch, gute Vergangenheit, wünscht sich Liebesheirat mit einem einfachen, treuen Mann. Trete in Kürze eine große Erbschaft an und möchte bis dahin glücklich vereint sein. Wen darf ich besuchen?" Als Adresse wurde ein Postfach in Biberach angegeben.

Auf dieses Inserat gingen 586 Antwortbriefe ein. Die Inserenten der Anzeige, drei Männer und zwei Frauen, hatten alle Mühe, die vielen Antwortbriefe zu schreiben. Die Heiratslustigen erhielten einen Brief etwa folgenden Inhalts: „Lieber Herr soundso, habe Ihren Brief erhalten und mich sehr darüber gefreut. Trotz vieler Zuschriften ist meine Wahl auf Sie gefallen. Möchte Ihnen nun kurz über mein Leben berichten. Ich bin 164 cm groß, dunkelblond und einigermaßen hübsch. Seit meiner Schulentlassung bin ich als freiwillige Helferin beim Arbeiter-Samariterbund tätig und verdiene außer Verpflegung und Unterkunft nichts. Ende September verstarb mein einziger Verwandter und hinterließ mir ein Vierfamilienhaus und ca. 180 000 Mark. Aufgrund dessen habe ich mich entschlossen, zu heiraten und glaube, daß Sie der Richtige für mich sind. Da ich meine Erbschaft erst Mitte Februar 1975 antrete, habe ich aufgrund meiner freiwilligen Tätigkeit nicht die Mittel, mir ein hübsches Kleid für unser erstes Treffen zu kaufen. Mit 150 bis 200 Mark könnte ich mir das Nötigste kaufen, und wen sollte ich darum bitten, wenn nicht Sie? Sollte unsere gegenseitige Sympathie nicht ausreichen für ein gemeinsames Leben, erhalten Sie selbstverständlich ihr kleines Darlehen zurück. Nachdem Sie mir das kleine Darlehen gewährt haben, können wir einen Treffpunkt vereinbaren."

Auf diesen Brief hin wurden insgesamt 3130 Mark an die angegebene Adresse überwiesen. Nur ein Bruchteil gelangte indessen in die Hände der cleveren Initiatoren dieses Schwindels, denn die Polizei war schneller – einer der Leser des Inserates hatte sofort Verdacht geschöpft. Die Schwindler hatten beabsichtigt, nach Eingang des „kleinen Darlehens" die Heiratslustigen zunächst damit zu vertrösten, daß Siglinde an einem Abschlußlehrgang teilnähme, und besonders Hartnäckigen würde schließlich mitgeteilt werden, daß Siglinde sich anderweitig verheiratet habe. Die

Hauptinitiatoren dieses Unternehmens waren mehrfach vorbestraft und wurden zu 12 und 14 Monaten Freiheitsstrafe verurteilt.

Exotisches hat bekanntlich seinen besonderen Reiz; 1977 erschien in einer überregionalen Tageszeitung eine Anzeige, durch die eine hübsche Sekretärin in Thailand einen deutschen Mann suchte. Rund 50 Interessenten meldeten sich unter „Bonn Postlagernd", darunter Angehörige aller Berufe vom Arbeiter bis zum Akademiker. Sie erhielten einen Antwortbrief, der nicht aus Bangkok, sondern aus Bonn kam, was damit begründet wurde, daß ein besonderer Kurier eingeschaltet worden sei, um die lebenswichtige Post sicher von Deutschland nach Thailand und zurückbringen zu können. Die Heiratslustigen wurden aufgefordert, für ein Flugticket nach Deutschland und für Visumgebühren der thailändischen Dame einen Vorschuß von 2500 Mark zu zahlen. Ein Interessent wurde mißtrauisch und schaltete die Polizei ein, und man stellte sehr schnell fest, daß es die heiratslustige Dame aus Thailand gar nicht gab und die Anzeige von einem deutschen kaufmännischen Angestellten aus der Nähe von Bonn aufgegeben worden war. Glücklicherweise war der finanzielle Schaden noch nicht sehr groß.

In der Geschichte des Verbrechens sind indessen nur wenige Heiratsschwindlerinnen bekannt geworden, wenn man auch immer schon vor ihnen gewarnt hat. So wurde zur Frankfurter Ostermesse des Jahres 1770 der folgende Erlaß der Freien Reichsstadt veröffentlicht: „Wer irgendeinen männlichen Untertanen unserer Stadt durch trughafte Mittel als da sind rote und weiße Schminke, allerlei duftende Essenzen, künstliche Zähne, falsche Haare, Einlagen aus spanischer und französischer Baumwolle und Seide, Schnürleiber, falsche Hüften und dergleichen in die Ehe verlockt, wird wegen Zauberei verfolgt, und die Heirat kann vor Gericht für null und nichtig erklärt werden".

Heiratsschwindel wird auch ab und zu von Ehevermittlungsinstituten betrieben, die Lockanzeigen aufgeben. Die dort beschriebenen Idealgestalten – der einsame Fabrikant oder Großgrundbesitzer, der eine treue Ehefrau sucht, wobei Vermögen unwichtig ist und nur die Liebe entscheidet, oder die schöne, junge Millionenerbin, die den Mann sucht, der ihr Vermögen verwaltet – gibt es in Wirklichkeit gar nicht. Die Anzeigen dienen nur dazu, Hunderte oder Tausende von Anschriften von Heiratswilligen zu erhalten, die man dann mit einem Minimum an Arbeitsaufwand und für hohe Honorare miteinander in Verbindung bringt. Den Interessenten wird mitgeteilt, die eigentliche, ersehnte Traumfrau oder der ideale Mann seien schon vergeben, aber man könne andere, fast ebenso gute Partner anbieten.

Heiratsschwindel fällt strafrechtlich in erster Linie unter den Tatbestand des Betrugs, meist kommen noch andere Delikte wie Urkundenfälschung oder Diebstahl hinzu. Die Heiratsschwindler sind keineswegs, wie man annehmen könnte, meist jugendlichen Alters und stattlich anzusehen, sie sind vielmehr meist im fortgeschrittenen Alter und äußerlich oft unscheinbar, aber von jener suggestiven Überzeugungskraft, die das Handwerkszeug des Betrügers und Hochstaplers ist, der damit seinen Lebensunterhalt bestreitet und sich auch durch viele harte Strafen nicht abschrecken läßt. Er setzt sein skrupelloses Tun fort, sobald er wieder dazu in der Lage ist. Seinen Opfern muß man oft eine erstaunliche Leichtgläubigkeit vorwerfen, die höchstens dadurch entschuldigt werden kann, daß das Opfer die einmalige Gelegenheit sieht, eine jahrelange, quälende Einsamkeit zu beenden und noch dazu eine gute Partie zu machen. Die am leichtesten zu betrügenden Opfer sind Frauen der mittleren Jahre, die vor dem Auftreten des Heiratsschwindlers keine oder nur wenig Zukunft vor sich sahen. Neben dem finanziellen, oft ruinösen Schaden sind für sie die Enttäuschung aller Hoffnungen und der Spott der Umwelt nur sehr schwer zu verkraften.

Hochstaplerinnen

Die 1912 geborene Franziska Otto war nach jeder Richtung hin begabt und entwickelte schon von klein auf ausgesprochene schauspielerische Talente. Nach ihrer Einschulung zeigte sich erstmalig Neigung zu Diebereien; sie entwendete ihren Mitschülerinnen Dinge, die sie genauso selbst besaß. Wenn man ihr z. B. zu einem Schulausflug eine Tüte Bonbons mitgegeben hatte, nahm sie einem anderen Kind dessen Tüte weg, verzehrte die Bonbons und brachte ihre eigenen wieder mit nach Hause. Als Franziska sieben Jahre alt war, starb ihre Mutter, und sie lebte von nun an bei ihrer Großmutter, die Franziskas Verfehlungen immer wieder vor deren Vater deckte. Nachdem Franziska eine Frauenschule besucht und in verschiedenen Stellen als Haustochter tätig gewesen war, setzte sie, als sie 23 Jahre alt war, ihren Vater und dessen zweite Frau überraschend von ihrem Entschluß in Kenntnis, sich nun auf eigene Füße stellen zu wollen. Sie reiste ab und ließ jahrelang nichts mehr von sich hören. In Berlin machte sie später die Bekanntschaft eines Kaufmanns, Wolfgang Groß, dem sie erzählte, sie hätte als Privatsekretärin von Professor Karl Fröhlich eine gute Stellung bei der Ufa. Groß, der Junggeselle war, bot ihr eines Tages an, zu ihm zu ziehen; sie ging darauf ein und sorgte in geradezu aufopfernder Weise für das Wohlergehen ihres Freundes, der so etwas wie Vaterstelle an ihr vertrat. Außerdem nahm sie abends noch Gesangsunterricht. Eines Morgens erschien sie in der gemeinsamen Wohnung mit einem eleganten Koffer, auf dem sich Aufkleber ausländischer Hotels befanden, und erzählte, sie sei gerade mit dem Schlafwagen aus Wien zurückgekommen. Weiter berichtete sie von dem zuständigen Umgang mit vielen Filmgrößen; Willy Forst sei ihr Verlobter gewesen, sein Photo stand auf dem Nachttisch, und mit Zarah Leander habe sie die herzlichsten Beziehungen, mit ihr duze sie sich sogar, denn auch sie sei ja Schwedin.

Auch über das Privatleben anderer Filmschauspielerinnen war sie auf das Beste informiert. Bei anderer Gelegenheit erzählte Franziska, während eines Aufenthaltes in den USA habe sie die Bekanntschaft eines der ersten Rechtsanwälte New Yorks gemacht, und sie schilderte dessen Büro und sein Haus, seinen Bekanntenkreis, einen Aufenthalt mit ihm zusammen auf Hawaii und eine Reise mit der Transsibirischen Eisenbahn so natürlich und lebendig, wie es nur jemand tun kann, der alles tatsächlich erlebt hat.

Im Dezember 1939 ertappte Groß Franziska zum erstenmal auf offensichtlichen Unwahrhaftigkeiten, worauf sie anscheinend verzweifelt und bestürzt sein Haus verließ. Einige Tage später traf mit der Unterschrift eines Dr. Wohlgemuth ein Brief ein, der Auskunft über Franziskas Leben gab; danach besitze sie in Schweden größeres Barvermögen und Landbesitz, sie sei international aufgewachsen, und man müsse an ihre Person andere Maßstäbe anlegen, als man dies normalerweise tue. Dieser Brief war sofort als Fälschung erkennbar. Groß ging nunmehr ihrem Leben nach und fand heraus, daß sie bei der Ufa völlig unbekannt war. Während sie morgens angeblich zur Ufa gefahren war, hatte sie tatsächlich als Lohnbuchhalterin in einem Baugeschäft gearbeitet. In den Gesprächen mit Groß hatte sie auch Photos von ihrem Besitztum in Schweden und von einem namentlich genannten Vetter gezeigt, der ihr Gut angeblich verwalte. Ein Brief an diesen Vetter kam als unbestellbar zurück, und nun erklärte sie, darauf zur Rede gestellt, ihr Vetter sei inzwischen an die Schwedische Gesandtschaft in London versetzt worden. Es folgte ein offensichtlich gefälschter Brief, der diese Angabe untermauern sollte. Einige Zeit später eröffnete Franziska ihrem Freund Groß, sie sei in den letzten Tagen auf das zuständige Polizeirevier bestellt worden, weil dort eine Meldung vorläge, daß sie in früheren Jahren in Karlsruhe die Pilotenprüfung bestanden habe. Man suche nämlich jetzt weibliche Piloten für den Sanitäts-Flugdienst. Sie habe sich nur mit Mühe einer Anwerbung entziehen können.

Fast alle Personen, die mit Franziska in Berührung kamen, schilderten sie in Übereinstimmung mit Groß als ein ungemein liebenswertes Wesen, und alle waren bestrickt von ihrer Güte, Hilfsbereitschaft und Selbstlosigkeit. Tatsächlich aber war sie 1937 zum erstenmal wegen fortgesetzter Untreue, Unterschlagung und wegen Diebstahls zu einer Gefängnisstrafe verurteilt worden, 1938 folgte eine weitere Freiheitsstrafe. Auch in der Haft hatte sie ihre Neigung, in Illusionen zu leben, nicht aufgegeben. Die Gewinne aus ihren Diebstählen und Unterschlagungen ließ sie vorwiegend anderen Menschen zukommen, die sie erfreuen und beeindrucken wollte. Ihr Ziel war es wohl, sich die Liebe ihrer Mitmenschen als große Wohltäterin zu erkaufen. Während des Zweiten Weltkriegs war sie wegen ähnlicher Delikte in einem Frauenzuchthaus und in einem Zuchthauslager, wo sie Häftlinge wie Beamtinnen durch ihre Erzählungen über ihr seltsames Herkommen und ihr Schicksal in stille Bewunderung versetzte. So erhielt sie z. B. einen Brief mit dem Absender ‚Reichsfilmkammer’, der von der Hauptwachtmeisterin als wichtiges Dokument in Verwahrung genommen wurde. Es ist nie herausgekommen, wie es ihr gelungen war, diesen und andere Briefe in die Postverteilungsstelle des Zuchthauses gelangen zu lassen.

Nach Öffnung der Zuchthäuser und Konzentrationslager kehrte Franziska 1945 zu Groß zurück und wurde, da sie eine gute Stimme besaß, an der Hochschule für Musik als Studentin aufgenommen. Groß unterstützte sie weiterhin, aber sie bestahl ihn und verschenkte seine Lebensmittel. Schon 1946 wurde sie wiederum wegen Diebstahls bestraft, und es kamen wieder neue Verfehlungen und Bestrafungen hinzu. 1959 wurde sie in Freiburg, wo sie zuletzt als Buchhalterin tätig war, wegen Untreue, Diebstahls, Urkundenfälschung und Betruges zu einer Gesamtstrafe von einem Jahr und 3 Monaten Gefängnis verurteilt. Man billigte ihr mildernde Umstände und verminderte Zurechnungsfähigkeit zu, weil ihre Taten zwar aufgrund ihres großen Geltungsbedürfnisses, aber vor allem auch zu dem Zwecke geschehen waren, anderen Menschen zu helfen. Der Psychiater bezeichnete sie als hysterische Psychopathin.

Während bei Franziska der eigene Nutzen weniger im Vodergrund stand, hatte die Hochstaplerin Gerda Heller ihre Opfer kaltblütig und schonungslos ausgenutzt und auf deren Kosten luxuriös gelebt. Der Richter bezeichnete sie als den Typus der Drohne und eine internationale Hochstaplerin. Sie war 1902 in Mecklenburg geboren; zu Beginn des Dritten Reiches verließ sie Deutschland und wohnte nach Aufenthalten in den Niederlanden, Frankeich und England seit 1936 in Buenos Aires. Sie hatte nie einen Beruf erlernt und betätigte sich im Kunstgewerbe, war Star beim Stummfilm und besaß zuletzt bis 1944 in Buenos Aires einen Modesalon. 1953 kam sie wieder nach Europa, unternahm viele Reisen in europäische Länder und ließ sich schließlich in einer Kleinstadt Badens nieder. Wieder ging sie für kurze Zeit nach Südamerika, und es gelang ihr, von dort mit einem Flugzeug kostenlos nach Amsterdam zu fliegen, von wo sie ihren Bekannten in Baden telegrafierte: „Bin per Nachnahme angekommen, löst mich aus". Zunächst hatte sie von Geldern aus Argentinien gelebt, dann erzählte sie ihren Bekannten, sie habe Grundbesitz von ca. 176 000 Hektar, und sie könne ihren Freunden behilflich sein, nach Argentinien auszuwandern und eine neue Existenz aufzubauen. Auf diese Weise gelang es ihr nach und nach, Darlehen von insgesamt 24 000 Mark zu erhalten, die sie nicht zurückzahlen konnte. Schließlich wurde sie von einem badischen Amtsgericht wegen Betruges zu einer Gefängnisstrafe von 8 Monaten verurteilt.

Daß die Geltungssucht eines Menschen alle anderen Regungen und Triebe verdrängen kann, hat sich auch in anderen Fällen gezeigt. Gegen Ende des Krieges befand sich im Wehrmachtsgefängnis Freiburg ein zum Tode verurteilter Soldat, der am Abend vor seiner Hinrichtung bat, mit Hilfe eines Notars ein Testament aufsetzen zu dürfen. Der Notar kam, und der Soldat verteilte sehr sachkundig und

genau ein großes Vermögen an beweglichen und unbewegli-
chen Gütern. Später stellte sich heraus, daß dieses ganze
Vermögen überhaupt nicht existierte, aber der zum Tode
Verurteilte hatte offensichtlich nur noch einmal wenigstens
in den Augen des Notars und vielleicht auch des Aufsehers
als reicher Mann dastehen wollen.

Falsche Unfälle

Vor einigen Jahren wurde in Freiburg der Schrotthändler W. verurteilt, dem vorgeworfen worden war, er habe drei Autounfälle vorsätzlich herbeigeführt. Innerhalb eines halben Jahres waren diese Unfälle stets nach dem gleichen Muster abgelaufen. W. kaufte einen Gebrauchtwagen, und nach etwa drei Wochen war er damit in einen Auffahrunfall verwickelt. Jedesmal stellte sich nachher heraus, daß der Schuldige, der auf seinen Wagen aufgefahren war, ein gestohlenes Fahrzeug benutzt hatte und dann geflohen war. Zwischen zwei Unfällen hatte W. das Fahrzeug nicht einmal reparieren lassen und dennoch noch einmal den vollen Versicherungsbetrag kassieren wollen. Als bei einem weiteren Unfall der Schaden noch zu geringfügig war, vergrößerte W. den Schaden durch das Anfahren an große Steine. Sein Gesamtgewinn betrug rund 20 000 Mark, und W. wurde zu 12 Monaten Freiheitsstrafe ohne Bewährung verurteilt.

Einem Freiburger Kfz-Meister, dem A., wurde ein noch größerer Betrug vorgeworfen. In den Jahren 1980 und 1981 täuschte er in fünfzehn Fällen Unfälle vor und rechnete die Schäden nachher mit verschiedenen Versicherungsgesellschaften ab. Auffallend waren die zahlreichen Glasschäden an insgesamt fünf Wagen. Einmal gab er an, eine Scheibe sei ihm während der Fahrt geplatzt, ein andermal sollten ihm Kinder beim Ballspiel das Glas zerbrochen haben, und dann wieder gab er an, ein Glas sei von herabfallenden Steinen getroffen, ein weiteres Mal seien ihm Rückleuchten angeblich zerschossen worden. Insgesamt rechnete A. Schäden in einer Höhe von 35 000 Mark ab, er wurde zu einem Jahr und 4 Monaten Freiheitsstrafe verurteilt.

Diese durch Betrug erlangten Schadensabrechnungen sind noch gering gegenüber jenen in anderen Fällen, die von Gerichten in anderen Bundesländern abgeurteilt wurden. Ein Autoschlosser in Fulda, T., wurde beispielsweise wegen

84 fingierten Unfällen verurteilt, durch die er rund eine halbe Million Mark ergaunert hatte. Seine Spezialität waren die Unfälle an Autobahnauffahrten. Er fuhr, meist zusammen mit seiner Ehefrau, langsam in eine Auffahrt ein und beobachtete im Rückspiegel, wann ein hinter ihm fahrender Pkw-Fahrer nach links schaute, um auf solche Fahrzeuge zu achten, die sich auf der Autobahn näherten. T. bremste in diesem Augenblick scharf ab und verursachte dadurch einen Auffahrunfall. Er und seine Frau ließen den Auffahrer eine Schuldanerkenntnis unterschreiben und rechneten die Schäden später ab. Dem Auffahrer wurde auf Vorhaltungen, warum T. so scharf gebremst habe, gesagt, auf der Autobahn habe sich gerade ein sehr schnelles Fahrzeug genähert, und da diese Angabe natürlich von der Ehefrau bestätigt wurde, stand letztlich Aussage gegen Aussage beziehungsweise zwei Aussagen standen gegen eine.

Schließlich wurde T. unvorsichtig und rechnete innerhalb von zwei Tagen mit demselben Pkw jeweils Schäden von rund 3000 Mark ab, so daß ihm in der Hauptverhandlung der Vorsitzende Richter die Frage stellte, wie er es denn geschafft habe, innerhalb von 24 Stunden die Schäden des ersten Unfalls zu reparieren. Nachdem er zunächst geantwortet hatte, er habe die Nacht durchgearbeitet, gab er dann doch zu, daß er für ein und denselben Unfall zwei verschiedene Gutachten hatte anfertigen lassen und damit die Versicherungen betrog. T. wurde schließlich zu einer Freiheitsstrafe von 6 Jahren verurteilt. Ein Sprecher des Verbandes der Autoversicherer bemerkte zu dem Urteil, Leute wie T. gäbe es zu Dutzenden, und die Versicherungen würden durch fingierte Unfälle jährlich um eine Milliarde Mark betrogen. Eine einzige Bande, die sich mit dem lukrativen Geschäft des sogenannten „Autobumsens" befaßte, verursachte etwa 800 provozierte und fingierte Unfälle. Eine Variante dieser Betrügereien war die, daß eine Art Vollkasko-Entschädigung organisiert wurde, ohne daß diese Versicherung tatsächlich bestand. Wenn ein Kraftfahrer einen Unfall verursacht hatte, ohne daß daran ein anderer Ver-

kehrsteilnehmer beteiligt war und auch keine Vollkasko-Versicherung bestand, dann verschaffte man sich einen „Partner", der eine Vollkasko-Versicherung hatte, und dieser fuhr dann noch einmal gegen den beschädigten Wagen und übernahm die Schuld, so daß dann die Versicherung zahlen mußte. Für neue und teure Wagen wurden mehrere Vollkasko-Versicherungen bei verschiedenen Gesellschaften abgeschlossen, dann wurde – notfalls mit einem Vorschlaghammer – ein Totalschaden arrangiert, und die Versicherungssummen wurden von allen Gesellschaften kassiert.

Eine andere Variante war die, daß man es sich noch einfacher machte und Unfälle am Schreibtisch konstruierte, die in Wirklichkeit gar nicht stattgefunden hatten. Den Versicherungen wurden genaue Schilderungen über den Hergang vorgelegt, und es fand sich auch immer ein Verkehrsteilnehmer, der die Schuld auf sich nahm, und es fanden sich Zeugen, die alles gesehen hatten. Dubiose Werkstätten beschafften fingierte Rechnungen, und die Versicherungen zahlten.

In einem anderen Fall, der sich in der Nähe von Ratingen abspielte, standen an einer Unfallstelle vier beschädigte Pkw. Drei Fahrer sagten aus, der Fahrer des vierten Pkw habe ein verkehrswidriges Überholmanöver abbrechen und scharf einscheren müssen und habe dadurch den Unfall verursacht. Er sei dann weggegangen, um die Polizei zu benachrichtigen, sei aber nicht mehr zurückgekommen. Es stellte sich heraus, daß der Wagen als gestohlen gemeldet war. Die Haftpflichtversicherung zahlte an die drei Unfallbeteiligten über 14 000 Mark. Erst Jahre später erfuhren Polizei und Versicherung, was sich tatsächlich abgespielt hatte. Der Eigentümer des angeblich gestohlenen Wagens war in den Plan eingeweiht, und alle vier Autofahrer hatten den Unfall gemeinsam verursacht, um nach Vorlage überhöhter Schadensschätzung die Versicherung zur Zahlung zu veranlassen.

Nachdem die Versicherungsgesellschaften einen Zentralcomputer mit allen Fällen von Entschädigungen speisten, entdeckte man sehr schnell, wenn für dasselbe Fahrzeug mehrere Schäden angemeldet worden waren oder wenn es sich um dieselben Personen handelte. Die falschen Unfälle haben jedoch seit dieser Zeit nicht gänzlich aufgehört, weil die Täter häufiger als früher die Fahrzeuge und die Personen wechselten. Dem Autofahrer, der nach einem Unfall irgendeinen Verdacht schöpft, kann man nur raten, sofort die Polizei einzuschalten, weil sich später die Unfallhergänge nur sehr schwer nachkonstruieren lassen.

Das letztere gilt ganz besonders für Alleinunfälle. Wenn ein Kraftfahrer auf gerader Straße bei trockener Fahrbahn und gutem Wetter mit offensichtlich hoher Geschwindigkeit gegen einen Baum gefahren ist, keine Brems- und Schleuderspuren festzustellen und Fahrzeugmängel auszuschließen sind, dann liegt der Verdacht auf Selbstmord nahe. Man schätzt, daß in der Bundesrepublik etwa 5 Prozent der Verkehrstoten auf Selbstmord zurückzuführen sind. Das Motiv läßt sich in manchen Fällen aus Abschiedsbriefen ermitteln; einige Selbstmörder haben kurz vor ihrem „falschen" Unfall eine hohe Lebens- und Unfallversicherung abgeschlossen und hoffen, daß die Polizei einen „richtigen" Unfall annimmt, Selbstmord sich nicht nachweisen läßt und die Familie dadurch in den Genuß der Versicherungssumme kommt. In anderen Fällen sind familiäre Konflikte oder psychische Störungen die Ursache für einen „falschen" Unfall. Das Auto bietet einem unter Depressionen leidenden Menschen die gute Gelegenheit, sein Leben auf „anständige" Art zu beenden. Psychologen sprechen von der Einsamkeit des Kraftfahrers und von den Versuchungen, denen er ausgesetzt sein kann. Eine einzige Bewegung des Lenkrades genügt, um alle Schwierigkeiten, Leiden und Nöte zu beenden. Auch bei „normalen" Verkehrsunfällen liegen Leben und Tod sehr nahe beieinander, wie der Fall Dr. Grau zeigt, der in dem folgenden Kapitel geschildert wird.

Die Fahrlässigkeit des Dr. Grau

An einem Abend im September 1975 fuhr der 52jährige Zahnarzt Dr. Alfons Grau auf einer Ausfallstraße, vom Vorort Günterstal kommend, in Richtung Freiburg. Als er eine Kreuzung mit der Straßenbahn erreichte, kam von Freiburg her eine Straßenbahn, die vorfahrtsberechtigt war. Einem vor Grau fahrenden Pkw gelang es gerade noch, die Schienen vor der Bahn zu überqueren, während Grau mit der Bahn kollidierte, obwohl beide Fahrer noch eine Vollbremsung vorgenommen hatten. Die Bahn wurde lediglich an der Anhängerkupplung beschädigt, an dem Pkw Graus entstand Totalschaden. Grau wurde sehr schwer verletzt; er erlitt eine Hirnquetschung, eine Herzerschütterung und Trümmerbrüche im Bereich der Oberschenkel- und Fußgelenke und war lange Zeit arbeitsunfähig.

Bei der Abfahrt hatte Grau einen ihm unbekannten Anhalter, den 21jährigen Walter, mitgenommen. Da dieser sich nicht angeschnallt hatte, wurde er bei dem Zusammenstoß gegen das Armaturenbrett und die Windschutzscheibe geschleudert und wurde so schwer verletzt, daß er einige Stunden später starb. Die von dem Unfall benachrichtigte Ehefrau Graus glaubte im Krankenhaus, in dem toten Walter „zweifelsfrei" – wie sie sagte – ihren eigenen Sohn zu erkennen. Erst als dieser, der auswärts arbeitete, zufällig zu Hause anrief, klärte sich der Irrtum auf.

In der Hauptverhandlung vor dem Schöffengericht Freiburg konnte sich Grau infolge seiner schweren Verletzung an nichts mehr erinnern, er hielt es aber für möglich, daß der vor ihm fahrende Pkw ihm die Sicht auf die Straßenbahn verstellt hatte. Ein Mitverschulden des Straßenbahnführers konnte nicht festgestellt werden; hätte er indessen, wie ein Sachverständiger ausführte, nur 1,2 Sekunden früher gebremst, so wäre der Unfall vermieden worden; er durfte allerdings darauf vertrauen, daß ihm die Vorfahrt eingeräumt würde. Das Verschulden Graus wurde als „leicht fahrlässig" bewertet; vielleicht hatte Grau sich durch die Fahrweise des vor ihm fahrenden Pkws beeinflussen lassen – man spricht in diesen Fällen von einem „Leithammeleffekt". Da Grau keine Vorstrafen hatte und infolge seiner Verletzungen seinen Beruf nicht mehr ausüben konnte, wurde er wegen fahrlässiger Tötung zu der milden Geldstrafe von 30 Tagessätzen à 100 Mark verurteilt.

Die Persönlichkeit Graus unterscheidet sich nicht von der, die die Kriminologen allgemein bei der Untersuchung von Verkehrsunfällen mit fahrlässiger Körperverletzung und Tötung gefunden haben. Der Täter ist in der Regel der Verkehrsteilnehmer „Jedermann", denn jedermann können – meist geringfügige – Fehler unterlaufen. Zahlreiche psychologische Untersuchungen haben die allgemeine Fehlerhaftigkeit des Menschen nachgewiesen; häufiger, als allgemein bekannt ist, können Wahrnehmungsfehler und Wahrnehmungsmängel auftreten, insbesondere im Schilderwald der Verkehrszeichen, und auch so wichtige Zeichen wie Ampelanlagen können einfach übersehen werden. Und so kann es häufig nur vom Zufall abhängen, ob ein solcher Fehler ohne jede Folgen bleibt, weil gerade kein anderer Verkehrsteilnehmer in der Nähe ist, oder ob er zu einem Zusammenstoß mit Sachschaden oder schließlich zu einer Verletzung oder gar Tötung führt. Im Fall Grau wäre es zu keinem Unfall gekommen, wenn der Straßenbahnführer den sogenannten sechsten Sinn gehabt hätte, d. h. das mögliche Unglück vorausgeahnt und 1,2 Sekunden früher gebremst hätte.

In diesen Fällen einer fahrlässigen Tötung ist es die schwere, kaum lösbare Aufgabe eines Gerichtes, das meist leichte Verschulden des Täters mit dem sehr schweren Ergebnis der Tat in einem Geldbetrag bzw. einer Dauer der Freiheitsstrafe zusammenzufassen; man müßte Schuld und Ergebnis getrennt bewerten können. Schon unsere Vorfahren haben sich indessen schwer getan, den Begriff Fahrlässigkeit zu definieren und ein, wie sie es nannten, „Zufallsgeschehen" zu beurteilen. Das germanische Strafrecht, das noch kein Strafrecht in unserem Sinne war, beruhte auf dem Gedanken der Erfolgshaftung: man sagte „die Tat tötet den Mann". Das hieß allerdings nicht, daß man nicht den Unterschied zwischen einer absichtlichen Tat und einer Tat aus Versehen kannte; man sprach in diesen Fällen von „Ungefährwerk". Ob eine solche Tat vorlag, beurteilte man nach typischen, wiederkehrenden äußeren Merkmalen, d. h. wenn allgemein eine derartige Tat nicht mit Absicht begangen wurde, wie beispielsweise bei einem Unfall beim Baumfällen oder auch, wenn jemand in eine Tierfalle geriet. Man kannte allerdings nicht den Unterschied zwischen Fahrlässigkeit und Zufall. Auch das nachträgliche Verhalten eines Menschen galt als Indiz; es war auch möglich, daß der Täter sich durch einen Reinigungseid vom Vorwurf des Vorsatzes befreite, und in diesen Fällen war lediglich ein Wergeld, d. h. ein Bußgeld, zu bezahlen. In manchen Rechten wurde der Täter eines „Ungefährwerkes" wie derjenige behandelt, der in Notwehr gehandelt hatte.

Die Alemannen kannten schon Grade der Fahrlässigkeit, wie wir heute sagen würden; so wurde in einem Basler Gesetz von 1438 erklärt, daß Schiffsleute eine besondere Verantwortung dafür träfe, daß ihren Passagieren kein Leid zustoße. In späterer Zeit entwickelte man für schwerste Fahrlässigkeit den Begriff der Frevelhaftigkeit, der luxuria. Als Beispiel wurde auf einen Augsburger Fall von 1567 hingewiesen; ein Weber, der ein neues Wams von dickstem Hirschleder trug, wettete beim Abendtrunk mit einem Schneider, daß sein Wams auch vom schärfsten Schwert nicht durchbohrt werden könne. Der Schneider nahm ein auf dem Tisch liegendes Messer und tötete den Weber auf der Stelle. Der Schneider wurde dazu verurteilt, eine Zeitlang die Stadt zu verlassen und den Erben des Webers zur Sicherheit 50 Goldgulden zu zahlen.

Erst im hohen Mittelalter wurde die Fahrlässigkeit in den strafrechtlichen Bereich mit hineingenommen. In verschiedenen Rechtsordnungen blieb es jedoch noch länger bei der

Zahlung von Bußgeld als zivilrechtlichem Schadensersatz für nicht absichtliche Tötungen.

Bei dieser „Kriminalisierung" der absichtslosen Tötung wurde immer mehr die Diskrepanz zwischen Schuld und Ergebnis offenbar, und man fand verschiedene Nebenwege und Auswege, um zu einer menschlichen Lösung zu kommen. In Lübeck fiel ein Dachdecker durch das Dach des Rathauses in den Sitzungssaal und schlug im Fallen einen Ratsmann tot. Das Urteil gegen den angeklagten Dachdecker lautete dahingehend, daß der gegen ihn klagende Verwandte des Toten sich vom Dach herab auf den Angeklagten fallen lassen könne. Wenn der Dachdecker durch den Fall getötet werden sollte, würde der Verwandte nicht bestraft werden. Ein ähnliches Urteil erscheint in vielen Rechtsordnungen und auch in der Literatur, bei Shakespeare und bei Adalbert von Chamisso, aber auch in griechischen Märchen.

Es verwundert nach alledem nicht, daß beim Aufkommen des motorisierten Straßenverkehrs die Menschen sich vor den Folgen der technischen Entwicklung für Leben und Gesundheit der Bürger fürchteten. Nach einem im nordrhein-westfälischen Staatsarchiv Detmold befindlichen Dokument beantragte im März 1900 die Meyersche Hofbuchdruckerei die Genehmigung, ihren Betrieb erstmals mit Kraftfahrzeugen auszustatten. Die Fürstliche Regierung entschied wie folgt:

„Auf das Schreiben vom 5. vorigen Monats betreff die Inbetriebstellung von vier Kraftwagen zur Beförderung von Sachen und Personen, erwidern wir hiermit, daß wir das Fahren mit Kraftwagen auf den öffentlichen Straßen des Landes bis auf weiteres unter folgenden Bedingungen gestatten wollen:

1. An jedem Wagen muß eine schnell und sicher wirkende Bremse sowie vorne eine Alarmglocke und eine Laterne, die bei Dunkelheit den Weg auf eine Entfernung von 10 Metern übersehen läßt, angebracht sein.

2. Die Fahrgeschwindigkeit darf 15 km in der Stunde an keiner Stelle überschreiten, in den Städten und geschlossenen Ortschaften ist sie auf 10 km und an einzelnen besonders verkehrsreichen Straßenecken, in Straßenkreuzungen und auf Strecken mit starken Gegenkrümmungen, namentlich bei Einfahrt von einem Straßenzug in den anderen auf 6 km zu ermäßigen. Außerdem ist die Fahrgeschwindigkeit zu ermäßigen:

a) an denjenigen Stellen, wo polizeilich ‚Schrittfahren' angeordnet ist,

b) wenn ein Leichenzug oder ein Feuerlöschzug auf weniger als 50 Meter herangekommen ist.

Die Nichtbefolgung dieser Bedingungen hat die polizeiliche Einstellung des Betriebes zur Folge."

Wie wir aus diesem und dem folgenden Beispiel sehen, haben sich zwar die Zeiten geändert, die Anstrengungen der Behörden zur Reglementierung aller Lebensvorgänge jedoch nicht.

Im Schweizer Kanton Graubünden dauerte es 25 Jahre, und es waren zehn Volksabstimmungen notwendig, bis der uneingeschränkte Verkehr mit Kraftwagen erlaubt war. Vor einer Abstimmung über das Automobil im Kantonsparlament in Chur begann ein Redner sein Plädoyer gegen das Auto mit den Worten: „Was ist ein Automobil? Es ist ein Wagen ohne Deichsel und ohne Zugochsen und -pferd, und der darin sitzt, ist ein Esel". Noch im Jahr 1911 war Graubünden der einzige Kanton, in dem der Autoverkehr fast gänzlich verboten war. In den ersten Fahrvorschriften des Kantons hieß es, der Motor müsse so konstruiert sein, daß eine Überschreitung der Fahrgeschwindigkeit von 12 km in der Stunde nicht möglich sei. Weiter hieß es: „Beim Begegnen von Personenfuhrwagen und Reitern hat der Führer unter Abgabe eines Warnsignals anzuhalten. Durch Ortschaften, über Brücken und je nach Anordnung der Straßeninspektion auf frisch gekiesten Straßendecken darf nicht schneller als mit einer Geschwindigkeit von 5 Minuten per Kilometer gefahren werden… Vom Beginn der Dämmerung an darf während der Nachtzeit nur mit brennenden Laternen gefahren werden. Außerdem hat der Führer beim Durchfahren der Ortschaften bei Nacht jede Minute wiederholt kurze Warnsignale zu geben".

Die Schwierigkeiten der Strafzumessung bei fahrlässigen Tötungen waren immer vorhanden und sind bis heute nicht überwunden. Ein Beispiel aus der Frühzeit des motorisierten Straßenverkehrs sei angeführt: An einem Tag im Juni 1907 überholte auf der Landstraße zwischen Flensburg und Husum einer jener neuen – sogenannten – „Motorwagen" ein Lastfuhrwerk. Die Pferde des Fuhrwerks scheuten, und ein auf diesem Wagen mitfahrender Arbeiter fiel herunter und war tot. Dem Motorwagenführer wurde zur Last gelegt, er habe zu schnell überholt und sich dadurch einer fahrlässigen Tötung schuldig gemacht. Er wurde zu einem Monat Gefängnis verurteilt und anschließend zu 14 Tagen Haft begnadigt. In anderen Fällen von fahrlässiger Tötung in dem für jene Zeit so neuartigen Straßenverkehr wurde auf eine Bestrafung überhaupt verzichtet.

Heutzutage spielt bei uns noch immer der Erfolg, d. h. das Ergebnis einer Tat eine allzu große Rolle, obwohl wir prinzipiell ein Strafrecht haben, das in erster Linie auf die Schuld eines Täters ausgerichtet ist. Die Betonung des Erfolges ist jedoch tief im Volk verwurzelt. Da an unseren Schöffengerichten die Laien an der Beurteilung fahrlässiger Tötungen in großem Umfange teilnehmen, erschien es mir als Kriminologe schon früher wichtig, die Meinungen von Laien über die Probleme der fahrlässigen Tötung kennenzulernen. Bei diesen Erörterungen wurden bei den Befragten wohl häufig Aggressionen und Ängste frei, wie dies immer der Fall ist, wenn es um elementare Fragen des menschlichen Lebens wie Töten und getötet werden geht. Vor einigen Jahren habe ich daher eine Reihe von Leserzuschriften ausgewertet, die nach einem Prozeßbericht, eine fahrlässige Tötung betreffend, an eine Tageszeitung gerichtet waren. Ein 21jähriger Handlungsgehilfe war auf einer engen und unübersichtlichen Landstraße zu schnell gefahren, hatte die Herrschaft über seinen Wagen verloren und war auf ein neben der Straße liegendes Feld geraten. Hier hatte er eine Fußgängerin, die sich auf den Acker geflüchtet hatte, erfaßt und getötet. Vom Schöffengericht wurde er zu 6 Monaten Freiheitsstrafe verurteilt, und diese Strafe wurde mit einer Buße von 300 Mark zur Bewährung ausgesetzt. Außerdem wurde dem Angeklagten die Fahrerlaubnis auf ein Jahr entzogen. Ein Akademiker schrieb hierzu, es habe ihm wegen des absurd milden Strafmaßes den Atem verschlagen. Das Stehlen von Gartenzwergen bestrafe man mit 9 Monaten Gefängnis und das Töten aus purem Übermut mit 300 Mark. In einem anderen Leserbrief hieß es, die Gerichte machten sich mitschuldig am Verkehrsgangstertum. Wenn drakonische Strafen wie bei Mord und Totschlag verhängt und Führerscheine auf Lebenszeit entzogen würden, dann würde die Zahl der Unfälle rapide zurückgehen. Ein anderer Akademiker schrieb: „... ein Menschenleben gleich 300 Mark". Ein Oberregierungsrat im Ruhestand fragte, warum ein Führerschein nicht für zwanzig Jahre abgenommen werde; wenn es keine vernünftigen Strafen gebe, würde das empörte Volk „solche Mordfahrer an Ort und Stelle züchtigen". Eine Frau schrieb, ihr sei die Sprache weggeblieben: das absurde Urteil sei keine Strafe, sondern eine Belohnung und bleibe für die Öffentlichkeit ein Rätsel. Eine andere Frau äußerte, der Fußgänger sei offensichtlich zum Freiwild geworden, und wer ihn töte, werde freigesprochen. Die Zeitung veröffentlichte diesen Satz nicht. Weiter war es ebenfalls eine Frau, die in einer nichtveröffentlichten Zuschrift für den Täter mindestens 5 Jahre Zuchthaus und Führerscheinentzug auf Lebenszeit verlangte. Eine Prüfung dieser wie auch anderer Leserbriefe führte zu dem Eindruck, daß die Briefschreiber in vielen Fällen alte Leute oder Frauen waren.

Für die Stellungnahme des Laien im konkreten Fall von Strafzumessung ist auch seine persönliche Beteiligung von großer Wichtigkeit, so z. B. wenn er selbst Opfer ist oder fast Opfer geworden wäre. Hierzu sei ein Schreiben erwähnt, das ein Universitätsprofessor der Philologie, der sich durch einen Sprung auf den Gehweg vor einem angetrunkenen Kraftfahrer retten mußte, an das Amtsgericht richtete: „In Anbetracht der äußersten Gefährdung meines Lebens, in die mich der betrunkene Fahrer gebracht hatte, möchte ich bitten, bei einer künftigen Verurteilung die höchstmögliche Strenge des Gesetzes anzuwenden".

Auf der anderen Seite stehen die Verwandten und Bekannten eines Täters, die in ihren Schreiben und Gnadengesuchen oft ein erstaunliches Unverständnis dafür verraten, daß ein Täter überhaupt bestraft werden soll. Und bei einer Reihe von Gelegenheiten habe ich schon festgestellt, wie schnell sich harte Auffassungen ändern können, wenn im eigenen Verwandten- oder Bekanntenkreis ein Verkehrsdelikt begangen wurde.

Wenn Laien mit einem bestimmten Fall konfrontiert werden, sie also nicht nur ihre unverbindliche Meinung an eine Zeitung schreiben, sondern gleichsam wie Richter in die Verantwortung genommen werden, sind sie oft milder als Richter, und man kann sich des Eindrucks nicht erwehren, daß die von Juristen oft in Anspruch genommene und zitierte öffentliche Meinung nur die vorgeschobene eigene Auffassung ist. Wohl noch nie haben Richter versucht zu ermitteln, ob das, was sie in Urteilen so häufig als Meinung der Allgemeinheit bezeichnen, auch tatsächlich der Realität entspricht.

In Zukunft sollten Täter, die sich, wie Dr. Alfons Grau, einer leichten Fahrlässigkeit schuldig gemacht haben, weitgehend von Strafe verschont werden, insbesondere, wenn sie selbst bei dem Unfall schwer verletzt worden sind, denn wohl ein jeder Bürger wird durch einen Unfall, in den er selbst verwickelt ist, schon genügend beeindruckt und verliert oft an Zeit, Geld und durch sonstige Unannehmlichkeiten mehr, als die spätere Geldstrafe ausmacht, so daß die Kriminalstrafe häufig nicht nur nicht wirkt, sondern den bisher gutwilligen Verkehrsteilnehmer eher noch störrisch macht und verärgert. Viele Unfälle lösen zudem bei den Beteiligten einen Schock aus und können langwährende traumatische Neurosen verursachen.

Die weise Beschränkung der Verhängung der Kriminalstrafe hat zum einen eine staatsbürgerliche Wirkung, und zum anderen hebt sie Wert und Ansehen der Strafe für jene Fälle, für die sie angebracht ist, für jene Täter also, die der Kriminologe als Kriminelle bezeichnet.

Als Richter habe ich mich nach Möglichkeit an ein Wort des von mir verehrten Theodor Fontane aus seinem Roman „Frau Jenny Treibel" gehalten: „So lange es geht, muß man Milde walten lassen, denn jeder kann sie brauchen!"

Eisenbahnunglücke

Am 21. Juli 1971 um 13.19 Uhr entgleiste der von Basel nach Kopenhagen fahrende Schweiz-Expreß in einer scharfen Rechtskurve vor der Einfahrt in den Bahnhof der Ortschaft Rheinweiler, die zwischen Basel und Müllheim gelegen ist. Die Lokomotive und sieben der neun Waggons des Zuges stürzten eine fünf Meter hohe Böschung herunter. Die Lokomotive, deren oberer Teil total abrasiert war, lag mit dem Fahrwerk nach oben in einem Obstgarten. Schrottteile waren bis auf eine etwa 30 Meter entfernt liegende Straße geflogen. Einer der Wagen stürzte in ein Einfamilienhaus und machte es dem Erdboden gleich. In dem Haus wurde ein sechsjähriger Junge getötet, seine Mutter und ein Mann wurden schwer verletzt. Die Unglücksstätte bot ein Bild des Grauens; unmittelbar nach Bekanntwerden des Unglücks wurde für die Rettungsdienste der Umgebung Katastrophenalarm gegeben. Mehrere hundert Helfer des Roten Kreuzes, des Technischen Hilfswerkes, sowie französische und deutsche Soldaten waren im pausenlosen Einsatz damit beschäftigt, die Toten zu bergen und die Verletzten zu versorgen. Hubschrauber flogen sie dann in die Krankenhäuser der Umgebung. Die Einwohner von Rheinweiler waren durch ohrenbetäubenden Lärm aufgeschreckt worden, Zeugen berichteten, der Zug sei allem Anschein nach mit hoher Geschwindigkeit in die Kurve gefahren und mit allen Waggons gleichzeitig entgleist. Der Zug war pünktlich im Badischen Bahnhof in Basel abgefahren und war zu 75 Prozent besetzt. Die Bilanz des schrecklichen Unglücks waren schließlich 23 Tote und 124 Verletzte. Den Schaden bezifferte man auf ca. 10 Millionen Mark.

Der Zufall wollte es, daß genau zum Zeitpunkt der Entgleisung eine Gruppe von Kriminalbeamten auf der Autobahn an der Unglücksstelle vorbeifuhr. Die Beamten leiteten sofort die polizeilichen Ermittlungen ein und sicherten als

erstes den Gleiskörper an der Unglücksstelle. Einen in großer Eile heranfahrenden Werkzug der Bundesbahn wiesen
die Beamten rigoros ab und gaben den Gleiskörper erst frei,
nachdem ein Sachverständiger seine Untersuchungen abgeschlossen hatte. Die zerstörte Lokomotive wurde Tag und
Nacht bewacht, bis die Polizei die im Beisein eines Sachverständigen ausgebauten wichtigsten Instrumente in Besitz
hatte. Die für die weiteren Untersuchungen erforderlichen
Sachverständigen waren außerordentlich schwer zu finden;
in der ganzen Bundesrepublik gab es keinen unbefangenen
Sachverständigen für elektrische Lokomotiven, so daß die
Polizei auf einen Schweizer Spezialisten zurückgreifen
mußte. Aus den Unterlagen der Bundesbahn war ersichtlich,
daß für die Unfallstrecke eine Höchstgeschwindigkeit von
75 km/st vorgeschrieben war. Nach der Auswertung des
Geschwindigkeitsdiagramms der Lokomotive wurde jedoch
festgestellt, daß der Lokführer zum Zeitpunkt des Unfalls
eine Geschwindigkeit von 140 km/st gefahren war. Bis kurz
vor der Unglücksstelle waren indessen die im Buchfahrplan
vorgeschriebenen Geschwindigkeiten genau eingehalten
worden. Der Lokführer konnte zu diesen Ermittlungen
nicht mehr gehört werden, da er bei dem Unglück getötet
worden war. Die Obduktion seiner Leiche ergab, daß er zum
Unfallzeitpunkt noch gelebt hatte, ein Herzinfarkt wurde
ausgeschlossen. Die Entnahme einer Blutprobe war nicht
möglich gewesen. Insgesamt brachten die Ermittlungen
keine Anhaltspunkte für ein menschliches Versagen; um
eventuelle technische Störungen zu ermitteln, wurden 24
Lokführer im Bereich der Bundesbahndirektion Karlsruhe
vernommen und gefragt, ob sich nach ihrer Erfahrung
Unterschiede zwischen der automatisch eingestellten
Geschwindigkeit und der tatsächlich gefahrenen Geschwindigkeit ergeben hatten. In einigen Fällen traten gravierende
Differenzen zu Tage, so hatte in einem Fall der Fahrschalter
auf 105 km/st gestanden, die Lok war jedoch 160 km/st
gefahren. Es konnte somit im Endergebnis nicht ausgeschlossen werden, daß der Lokführer bei der Annäherung

an Rheinweiler die Geschwindigkeit vorschriftsmäßig auf 75 km/st vermindert hatte, daß die Lok aber wegen einer Funktionsstörung der Automatik weiter beschleunigte. Es kommt hinzu, daß bei einer derartigen modernen Lok das Gefühl für Geschwindigkeit vermindert ist. Die Staatsanwaltschaft Freiburg stellte daher im April 1973 das strafrechtliche Ermittlungsverfahren ein, weil kein Verantwortlicher für das Unglück gefunden werden konnte.

Auf derselben Strecke zwischen Basel und Freiburg hatte sich schon früher ein ähnlich schweres Eisenbahnunglück ereignet. Am Montag, den 17. Juli 1911, vormittags 8.32 Uhr, entgleiste bei der Einfahrt in den Bahnhof Müllheim ein von Basel kommender Eilzug. Zu dieser Zeit wurde im Bahnhof Müllheim ein Bahnsteigtunnel gebaut, und es war deshalb nötig, die von Basel kommenden Züge über ein anderes Gleis zu führen. Die Überführung des Zuges von einem Gleis auf das andere stellte eine Gefahrenstelle dar, und die Generaldirektion der Badischen Staatsbahnen hatte deshalb angeordnet, daß diese Gefahrenstelle nur mit einer Geschwindigkeit von 20 km/st befahren werden durfte. Die entsprechenden Hinweisschilder waren aufgestellt, und jedem Zug wurde vor der Abfahrt in Basel ein schriftlicher sogenannter Vorsichtsbefehl übergeben. Die „Freiburger Zeitung" vom 17.7.1911 brachte schon in ihrem Morgenblatt – zu damaliger Zeit erschienen täglich vier Ausgaben – die Nachricht von dem Unglück. Im Abendblatt schrieb ein Journalist – und Journalisten drückten sich früher bildhafter aus als heute – „der stille, unter alten, schattigen Bäumen gelegene Bahnhof des Städtchens Müllheim ist heute morgen, wie schon kurz gemeldet, der Schauplatz einer der entsetzlichsten Eisenbahnkatastrophen der letzten Jahre geworden", und weiter hieß es: „Die Unglücksstätte bietet einen grauenvollen Anblick. Die große, schwere Schnellzuglokomotive ist schwer beschädigt, der Packwagen liegt auf der Seite. Was dann kommt, ist ein einziger wüster Haufen von verbogenen Stangen, zerbrochenen Untergestellen und in Atome zersplitterten Holzteilen, zwischen denen die zerfetzten Polster umherliegen". Ein Augenzeuge sah, wie sich das Dach seines Abteils senkte und die Wände sich zusammenschoben, zwischen denen seine Mitreisenden vor seinen Augen zerquetscht wurden, während er selbst wie durch ein Wunder den Trümmern unversehrt entrann. Ein Hagel von Schottersteinen ergoß sich über den Bahnsteig, und man sah deutlich, wie einige Personen, so z. B. der Kellner des Speisewagens, aus dem entgleisten Zug herausgeschleudert wurden. Wenige Schritte von ihm entfernt lag eine Frau, der beide Füße abgequetscht waren, sie starb wenige Minuten später. Unter den auf den Zug wartenden Passagieren, die sich auf dem Bahnsteig befanden, enstand eine große Panik. Als die Toten und Verwundeten in den Wartesaal getragen wurden, flüchteten fast alle Anwesenden vor dem furchtbaren Anblick. Die Zeitung lobte zwei Damen, die allein mit dem Bahnpersonal „heldenhaft" auf dem Bahnsteig geblieben waren und Erste Hilfe geleistet hatten. Die eine war eine Französin, die andere eine Lehrerin aus Neuenburg. In der Zeitung hieß es: „Der Tod hat mit harter Hand unter den Insassen aufgeräumt". Unter den Arbeitern an der Unterführung waren glücklicherweise keine Verluste entstanden, weil sie gerade eine Vesperpause gemacht hatten.

Schon kurz nach dem Unglück wurde in Müllheim von allen Kirchen Sturm geläutet, und Rettungsmannschaften strömten zum Bahnhof. Auch der Andrang des Publikums war wie bei allen Unglücken groß. In der Zeitung hieß es dazu: „Zahlreiche Kinematographen und Photographen, meistens aus Freiburg, hielten den Schauplatz des Jammers, über dem flimmernd die glühende Julisonne lag, im Bilde fest". Schon bald erschienen hohe und höchste Persönlichkeiten am Unfallort, unter ihnen die badische Großherzogin Luise. Die Trümmer des Zuges wurden von zwei Lokomotiven auseinandergerissen, „Menschenkräfte waren zu schwach dazu". Die Bilanz des Unglücks waren 14 Tote, 10 Schwer- und viele Leichtverletzte, und ein Gesamtschaden von über einer Million Mark.

Vier Tage nach dem Unfall wurde der Lokführer Bonifaz Mattern in Untersuchungshaft genommen. Er und der Zugführer Heinz Schnell sowie der Heizer Franz Behrle wurden wegen fahrlässiger Tötung, fahrlässiger Körperverletzung und Transportgefährdung angeklagt. Vor einer Strafkammer des Großherzoglichen Landgerichts Freiburg wurde das Unglück 13 Tage lang sehr gründlich verhandelt. 25 Zeugen und 7 Sachverständige wurden gehört, 5 der Sachverständigen waren in irgendeiner Weise mit der Eisenbahn verbunden. Die Auswertung des Geschwindigkeitsmessers ergab, daß der Lokführer mit einer Geschwindigkeit von 107 km/st auf die mit 20 km/st zu befahrende Weiche zugerast war und daß dies die Ursache der Entgleisung war. Bei der Durchfahrt durch den Bahnhof Auggen, 3 Kilometer vor Müllheim, hätte Mattern den Dampf abstellen und sich zum Bremsen bereitmachen müssen. Statt dessen hatte er sich zum wiederholten Male hingesetzt – Sitzen war einem Lokführer damals nur während des Aufenthaltes in Stationen und bei Ruhepausen gestattet – und war eingeschlafen. In der Nacht zuvor hatte er wenig Schlaf bekommen, am vorhergehenden Tage hatte er morgens einen Schnellzug von Offenburg nach Basel und nachmittags einen Zug von Basel nach Offenburg gefahren. Nach der Ankunft in Offenburg gegen 19 Uhr war er nicht nach Hause gegangen, um sich schlafen zu legen, sondern hatte in zwei Wirtschaften fast zwei Liter Bier getrunken. Erst gegen 22.30 Uhr war er zu Bett gegangen und hatte schlecht geschlafen. Noch in der Nacht um 2.42 Uhr mußte er einen Zug von Offenburg nach Basel fahren, der in Basel gegen 1/2 5 Uhr ankam. In der nun folgenden zweieinhalbstündigen Pause bis zur Abfahrt des Unglückszuges trank Mattern etwas mehr als einen halben Liter Wein und einen Hefeschnaps. Ein Sachverständiger sagte aus, nach der Eisenbahndienstvorschrift müßten die Ruhepausen von einem Lokführer zur Ruhe benutzt werden, und auf Zwischenstationen dürfe er nur mit Genehmigung des Aufsichtsbeamten eine Wirtschaft aufsuchen. Auf Endstationen wie Basel würde das allerdings nicht so genau gehandhabt. Seit 1908 wurde von der Eisenbahn in Basel für jeden Bediensteten täglich ein Liter Kaffee unentgeltlich bereitgehalten, der allerdings während der Ankunftszeit Matterns um 1/2 5 Uhr noch nicht ausgeschenkt wurde. Überdies machte Mattern geltend, der Aufenthaltsraum der Eisenbahnbediensteten in Basel sei nicht zum Schlafen, sondern höchstens zum Ruhen geeignet, die besseren Pritschen würden ohnedies immer von den Konstanzern besetzt, und der Lärm sei sehr groß. Weiter wurde die Frage diskutiert, ob es in diesem Aufenthaltsraum Wanzen gegeben habe, und ein Zeuge sagte aus, während der Besichtigung durch den Herrn Staatsanwalt habe er eine Wanze bemerkt. Ein Sachverständiger meinte, Mattern hätte in jenem Augenblick, in dem er sich müde gefühlt habe, den Zug anhalten und sich als dienstunfähig erklären müssen. Aber Mattern war nun einmal eingeschlafen, er hatte unter Schichtdienst und Hitze gelitten, er war mit 51 Jahren früh gealtert und befand sich im Frühstadium der Gehirnarteriosklerose. In der Hauptverhandlung wollte man ihm nicht glauben, daß er unter der Hitze gelitten hatte, und ein Sachverständiger führte sogar an, in Freiburg bringe doch der Wind aus dem Höllental Linderung. Matterns Verteidiger entgegnete dem, daß in der Rheinebene der Höllentäler nicht mehr wirke. Vom Verteidiger wurden der Eisenbahn heftige Vorwürfe gemacht, daß man Mattern überhaupt zur Führung eines Eilzuges eingeteilt habe, während sich doch in seinen Personalakten zahlreiche kleinere Disziplinarstrafen verzeichnet fänden. So hatte er beispielsweise 1903 eine Maschine so falsch auf eine Drehscheibe gefahren, daß die Vorderachse entgleist war; er war damals betrunken und nachts nicht im Bett gewesen. Außerdem hatte er schon einmal zu spät gebremst, ohne daß es zu einem Unfall gekommen war, und er kam, wie übrigens viele seiner Kollegen, regelmäßig zu spät zum Dienst. Als Lokführer war er für den Zustand seiner Maschine verantwortlich und mußte persönlich vor jeder Fahrt die Maschine überprüfen. Tatsächlich überließ er diese Arbeit jedoch, wie viele seiner Kollegen dies taten, dem Heizer. Mattern war wegen seiner Verfehlungen in den Werkstattdienst versetzt worden, und man stritt sich in der Hauptverhandlung darüber, wie er wieder auf eine Eilzug-Lok gekommen war. Niemand wollte hierfür verantwortlich sein. Matterns Verteidiger rügte zudem, daß das Führerpersonal für Personenzüge nur alle fünf Jahre und dann nur auf Augen und Ohren untersucht würde.

Eine Blutprobe war Mattern nach dem Unglück nicht abgenommen worden – das gab es damals noch nicht –, der psychologische Sachverständige sagte lediglich aus, der Alkohol habe zu Matterns Müdigkeit beigetragen. Eine nachträgliche Rekonstruktion mit Hilfe der modernen Methoden der Rechtsmedizin ergibt, daß Mattern vielleicht, als das Unglück geschah, 0,4 ‰ Alkohol im Blut hatte.

Der Zugführer war damals auf der Badischen Eisenbahn im Gegensatz zu anderen Ländern auch für die Sicherheit des Zuges verantwortlich. Nach seiner Dienstanweisung hatte er die Befolgung der Signale durch das übrige Zugpersonal, also auch durch den Lokführer, zu überwachen. Außerdem mußte er beobachten, ob der Lokführer seine Bremse ordentlich bediente und, wenn dies nicht der Fall war, selbst die Notbremse ziehen. Dem Zugführer Schnell war klar, daß von seiten der Eisenbahnbehörde in jedem Fall eine peinlich genaue Untersuchung eingeleitet würde, wenn irgend jemand die Notbremse gezogen hatte. Von manchen seiner Kollegen wußte er zudem, daß Heizer und Lokführer, wenn sie nicht früh genug gebremst hatten und der Zugführer diese Funktion übernommen hatte, dann sicher später behaupteten, sie wären gerade im Begriff gewesen zu bremsen. Im Endergebnis war also der Zugführer, der die Notbremse gezogen hatte, der Dumme. Schnell hatte schon nach der Abfahrt von Basel zu dem Gepäckschaffner über den Lokführer geäußert „Ich weiß nicht, der Meister macht heute ein so dummes Gesicht." Weiter war ihm aufgefallen, daß Mattern sich mehrfach hinsetzte. In der Hauptverhandlung von Sachverständigen darauf angesprochen, daß er den Lokführer doch hätte melden müssen, wenn dieser verbotenerweise sitze, antwortete Schnell: „Der Zugführer, der deswegen einen Lokführer anzeigen würde, würde gesteinigt werden." Schnell behauptete während des ganzen Prozesses steif und fest, er habe im letzten Augenblick noch die Notbremse gezogen, während der Zug schon entgleiste. Auch nachdem Sachverständige ihm bewiesen hatten, daß niemand die Notbremse im Packwagen angefaßt haben könne, bezichtigte er Zeugen und Sachverständige des Meineids und behauptete, dann müsse irgend jemand ihm zuleide die Notbremse wieder in ihren unversehrten Zustand versetzt haben.

In Notfällen war auch der Heizer verpflichtet einzugreifen, wenn er eine gefährliche Unregelmäßigkeit bemerkte. Dem Heizer des Unglückszuges wurde zum Vorwurf gemacht, daß er nicht eingegriffen habe, als bei der Durchfahrt durch Auggen der Lokführer den Dampf nicht abgestellt habe. In der Hauptverhandlung wurde lange über das Verhältnis zwischen Lokführer und Heizer diskutiert und festgestellt, daß, wie es in einem Schreiben der Generaldirektion Karlsruhe hieß, Heizer nur in äußersten Notfällen in die Führergeschäfte eingreifen sollten, da der Lokführer „seinen Heizer mehr schikanieren könne als jeder andere Vorgesetzte seinen Untergebenen". Außerdem hatte der Heizer, wie er angab, Angst, daß beim Ziehen der Notbremse der Zug auseinandergerissen werden könnte, er hatte Angst vor dem Lokführer und Angst vor seiner vorgesetzten Behörde. Weiter machte er geltend, daß er die Durchfahrt durch den Bahnhof Auggen gar nicht bemerkt habe, da er mit dem Nachheizen sehr viel Arbeit gehabt habe. Sachverständige sagten aus, daß, wenn in Basel das sogenannte Grundfeuer sehr stark angemacht werde, es für eine gewisse Zeit ausreiche und der Heizer dann weniger Arbeit habe. Da sich aber in Basel vor einiger Zeit Umweltschützer über den starken Rauch aus dem Eisenbahndepot beschwert hätten, sei die Anweisung ergangen, das Grundfeuer niedrig zu halten, und das bedeutete, daß der Heizer sehr wohl schon bei der Durchfahrt durch Auggen mit dem Nachheizen stark beschäftigt sein könnte.

Der Staatsanwalt warf in seinem Plädoyer dem Lokführer erhebliche Fahrlässigkeit vor und beantragte gegen ihn eine Gefängnisstrafe von 2 Jahren und 6 Monaten, gegen den Zugführer eine solche von 6 Monaten und gegen den Heizer von 3 Monaten. Die Verteidiger griffen vor allem die Eisenbahn an, wiesen auf den Unterschied der Einhaltung von Vorschriften in Theorie und Praxis hin, und sagten, daß durch eine strenge Einhaltung aller Vorschriften es nur zur „Resistenz" des Personals kommen würde. Das Urteil lautete schließlich gegen den Lokführer auf 2 Jahre und 4 Monate Gefängnis abzüglich von 10 Monaten Untersuchungshaft, und der Zugführer wurde zu 6 Monaten Gefängnis verurteilt, weil er seiner Aufsichtspflicht nicht genügt habe. Der Heizer wurde freigesprochen, weil er noch nicht voll ausgebildet gewesen war und viel hatte arbeiten müssen.

Im Rückblick kommentierte die „Freiburger Zeitung": „Es läßt sich nicht bestreiten, daß die Menschheit mit der Erfindung des Dampfrosses auch einen der grausigsten Schrecken über sich gebracht hat, den die erhitzte Phantasie eines E.T.A. Hoffmann und eines Edgar Alan Poe sicherlich nicht fürchterlicher hätte erfinden können. Denn nirgends auf der Erde sind gleich gewaltige, lebendige Kräfte am Werke wie bei fahrenden Eisenbahnzügen, und deshalb muß die Zerstörung auch alles Maß übersteigen, wenn diese Kräfte, entfesselt, nach einem Dichterwort sinnlos walten." Kein Wunder, daß man überall bei der Einführung der Eisenbahn zunächst mißtrauisch und sehr vorsichtig war.

Bei der Eröffnung der ersten Eisenbahnstrecke zwischen Stockton und Arlington in England im Jahre 1825 ritt ein Mann mit einer roten Fahne dem Zug voraus, um zu verhindern, daß dieser zu schnell fuhr – und das Pferd trabte nicht einmal, sondern lief im Schritt.

Bei der Eröffnung der Eisenbahnstrecke Berlin–Potsdam 1838 flehte ein alter Pfarrer seine Gemeinde an, „sich von dem höllischen Drachen, dem Dampfwagen, um ihrer Seligkeit willen fernzuhalten". Der preußische König Friedrich Wilhelm IV., damals noch Kronprinz, prophezeite jedoch schon: „Diesen Karren, der durch die Welt rollt, hält kein Menschenarm mehr auf."

Als in Österreich der Plan zum Bau der Ferdinands-Nordbahn aufkam, hieß es in Wiener Zeitungen, der Mensch könne eine Geschwindigkeit von mehreren Meilen in der Stunde nicht aushalten; man riet den Reisenden, gleich ihre Ärzte mitzunehmen, denn während der Fahrt werde ihnen Blut aus Nase, Mund und Ohren hervortreten. In Deutschland wurden ältere Leute von ärztlicher Seite vor der einminütigen Fahrt durch den Tunnel zwischen Leipzig und Dresden gewarnt, weil sie bei dem plötzlichen Luftwechsel auf der Stelle der Schlag treffen könne.

Literatur

Zu:

Ettenheim und der Herzog von Enghien:
Rombach, Deutsch-französische Vignetten, Stuttgart 1969, S. 66 ff.
Middendorff, Menschenraub, Flugzeugentführungen, Geiselnahme,
Kidnapping, Bielefeld 1972, S. 14 ff. und 21 ff.

Das Attentat des Karl Ludwig Sand:
Große Kriminalfälle aus dem Neuen Pitaval des Willibald Alexis, hrsg.
von Christoph, München 1965, S. 19 ff.

Der Anschlag auf König Wilhelm I. von Preußen:
Der neue Pitaval, hrsg. von Vollert, 32. Teil, Leipzig 1862, S. 1 ff.

Matthias Erzberger und seine Mörder:
Middendorff, Der politische Mord, BKA, Wiesbaden 1968, S. 73 ff.

Kriegsverbrechen und Lynchjustiz:
Auskunft des Instituts für Zeitgeschichte, München, vom 25.11.1965.
Middendorff, Kriminologie der Tötungsdelikte, Stuttgart 1984, S. 132 ff.

Der Fall Carl Hau:
Liepmann, Verbrechen im Zwielicht, Berühmte Kriminalfälle aus den
letzten Jahrzehnten, Berlin-Schöneberg o. J.
Habe, Meine Herren Geschworenen, Eine Sittengeschichte des Verbre-
chens, Zürich 1964.
Jacta, Berühmte Strafprozesse, Deutschland II, München 1967.

Der Vatermord im Schwarzwald:
Middendorff, Kriminologie der Tötungsdelikte, Stuttgart 1984, S. 61 ff.

Die Angst vor dem Alleinsein:
Middendorff, Kriminologie der Tötungsdelikte, Stuttgart 1984, S. 22 ff.

Der Fall Numan Gürün:
Middendorff, Kriminologie der Tötungsdelikte, Stuttgart 1984, S. 27 ff.
und 152 ff.

Der Gewohnheitsverbrecher als Staatsanwalt:
Ullrich, Verbrechensbekämpfung, Neuwied 1961, S. 272 ff.

Der Mann vom anderen Stern:
Händel, Mit Siriusbewohnern und kosmischer Ernährung, Kriminalistik, 1984, S. 132.

Hochzeit und Niederkunft im Himmel, oder Der Muttergottesschwindel in Kaufbeuren, 2. Aufl., München 1900.

Harry Domelas Gastspiel in Heidelberg:
Domela, Der falsche Prinz, Berlin 1927.

Arnau, Talente auf Abwegen, Berlin 1964, S. 195 ff.

Der letzte Heimkehrer des Ersten Weltkrieges:
Der neue Pitaval, hrsg. von Mostar und Stemmle, München 1963, S. 47 ff.

Falsche Ärzte:
Middendorff, Kriminologie in Fällen, Stuttgart 1980, S. 42 ff.

Hochstaplerinnen:
March, Lebensschicksale in psychiatrischen Gutachten, 2. Aufl., Stuttgart 1959, S. 275 ff.

Die Fahrlässigkeit des Dr. Grau:
Middendorff, Kriminologie in Fällen, Stuttgart 1980, S. 110 ff.

Eisenbahnunglücke:
Marbe, Praktische Psychologie der Unfälle und Betriebsschäden, München und Berlin 1926.

Zeitungsberichte.